낙엽에 쓰인 거시기

낙엽에 쓰인

거시기

한기웅 지음

목차

저자 서문   8

X 사상님 풀벌레의 합창   13

너무 더워서 한 헛생각   16

X 사장님   20

X 사장님 하늘이 도왔다지요!   27

X 사장님 또 한 번의 봄이랍니다!   30

꽃피는 3월에   32

후기   39

청첩장   41

혼인 잔치에 축하해 준 친구에 대한 감사 편지   44

당연하지요! X 사장님	46
새치로 생각해 보는 매국노와 애국지사	49
옛날에는	53
바둑	58
탄생	69
병원	84
노망	88
인사	93
X 사장님 흑석동 이야기를 아시나요!	98
바보들의 합창	101
정보의 중요성	105
여유 있게, 쉬엄쉬엄	108

역사는 반복된다지요!	112
엉뚱한 역사 이야기 01	120
X 사장님, 답답할 때 무얼 하시나요!	144
X 사장님	148
입춘이랍니다	149
X 사장님 빨간 꽃 노란 꽃	155
X 사장님(술주정)	157
X 사장님의 업적	159
X 사장님	161
X 사장님 통유리창	163
X 사장님(중 늙은이)	167
X 사장님 하나 더하기 하나	169

X 사장님 다윗과 골리앗	172
X 사장님 귀신 씨나락 까먹는 소리	175
산은 산이요 물은 물이로다	177
신분 상승	181
삼식이	185
새 소리	187
46 Bali	190
마귀 사탄	193
X 사장님 계절의 여왕 5월이라지요!	195
아스팔트에 쌓인 고운 낙엽	197
판사와 검사	199
카톡 세상 01	208

저자 서문

본인은 전문적으로 글 쓰는 사람이 아니며, 건축물을 설계하는 건축사이지요. 우연한 기회에 친구들의 친목회 회장을 하면서 매월 모임을 알리는 안내장을 보내면서, 친구들에게 편지(안내장)를 보내게 되었지요. 아무 생각 없이 한 2~3년을 지난 후 아주 우연한 기회에 몇몇 친구 부인들을 만나게 되었지요. 친구들이 자기 마누라에게 나를 '한기웅'이라고 소개하니, 처음 보는 멋쟁이 부인들 한다는 소리가 "재미있는 글 쓰시는 회장님이시군요!"라거나 "멋쟁이 글 쓰시는 한기웅 님이군요!", "아주 글 쓰시는 것으로 직업을 바꾸시지요"라고들 나를 자꾸만 비행기 태우며 올려 주어서 얼떨떨했지요.

언젠가는 포철기연의 사장인 친구에게 연하장을 보냈었지요. 무슨 일인가 연초에 그 친구에게 전화할 일이 있어 사장실로 전화했더니 여비서가 받으며 한다는 소리가 "누구시지요?" "친구 한기웅입니다"

라고 말하니(한 번도 보지 않은 나에게) 대뜸 한다는 소리가 "대단히 고맙습니다" 나는 황당하여 "무슨 말씀이시어!"라고 말하니 "멋있는 연하장을 보내 주셔서 대단히 고맙습니다" 하면서(그놈의 회사는 사장 편지를 비서가 검열하나보다) 내 목소리를 기억하여 내가 전화하면 얼굴도 모르는 나를 시도 때도 없이 사장에게 바꿔 주었지…. (다른 친구들은 대체로 통화를 못 하는 때가 많았으나) 지금도 알 수 없는 게 내 고등학교 동창은 480명, 대학은 45명인데 그렇게 연하장을 보내도 글 잘 썼다는 친구는 별로 없었고, 멋쟁이 부인이나 날씬한 비서만이 조그만 목소리로 가만히 글 잘 썼다고들 하니….

나도 공과대학 건축과를 나와 글 쓰는 것과는 전혀 관계가 없는 줄 알았으나, 이제 인생의 끝자락에서(늙어서) 후안무치의 두꺼운 얼굴이 되어 지금까지 보냈던 편지를, 아니 그냥 써 봤던 글들을, 잘 쓴 글인가 엉터리인가 알지도 못하며, 쓴 글들을 한번 모아 봅니다.

　어느 친구 책상 서랍에는 내 편지의 일부가 지금도 고이 간직되어 있겠지만, 가만히 보니 본인은 전문가가 아니라 중복되는 부분도 많고, 본인의 자랑을 너무 많이 한 것 같아 좀 쑥스럽지만, 그냥 지하철 선반 위에 있는 다른 분이 보다만 공짜 신문처럼 가볍게 읽어 주시기 바라며….

　　　　　　　　　　　　　　2010년 7월 6일 초안을 잡고
　　　　　　　　　　　　　　　　2025년 4월에 다시 씀
　　　　　　　　　　　신촌 로타리를 하염없이 바라보며 한기웅

X 사장님 풀벌레의 합창

을씨년스러운 하늘이 마음까지 무겁게 하는구려! 황금빛의 풀숲에 선 지금도 울어대던 풀벌레의 합창 소리가 들리는 것 같은데….

풀벌레의 애잔한 울음소리와 같이 또 한 해가 저물어 가나 봅니다!

초여름의 갓 태어난 새끼 풀벌레들은 엄마가 그리워 그렇게 슬피 울었다지요?

울다 비바람 소리에 놀란 새끼 풀벌레는 무서워 숨도 쉬지 못하고 엄마를 찾았지요!

허나 엄만 보이지 않고, 새 떼만 이리저리 다니며, 친구를 하나둘 잡아갔지요.

더위와 같이 다 자란 귀뚜라미는 이제 사랑을 찾아 그렇게 소란을 피웠으나….

예쁜 사랑은 맘같이 쉬 잡히지 않고, 찜통더위에 의한 지상의 더운 김만이 같이 있어 친구와 재미있는 놀이를 방해했지요. 어쩌다 보니 아침저녁의 찬 이슬에 정신이 퍼뜩 났지요. 생을 즐기기도 전에 벌써 황혼의 겨울이 오고 있음을 직감한 풀벌레들은 놀라….

이 즐거운 세상에, 생을 다 즐기지 못한 우리니 몇 달만이라도 여름을 연장해 달라고 하나님께 소리 높여 떼를 썼으나, 들은 척도 아니 하시니, 풀벌레들은 목청껏 부르짖는 소리와 함께, 여름의 하얀 뭉게구름에 애절한 사연을 담은 편지를 하늘나라로 보냈지요.

이제 여름 하늘의 하얀 뭉게구름은 수많은 풀벌레의 애절한 사연을 담고 모두 하늘나라로 갔으니, 해서 가을 하늘이 그렇게 구름 한 점 없고, 높은 쪽빛으로 보이나 봅니다. 그러니 우리나라의 높고 파란 가을 하늘은 아름답지만 아련한 사연이 항상 깃들어 있지요!

여름의 하얀 구름을 편지지로 다 쓴 풀벌레(해서 다시 말하면 하늘의 뭉게구름을 편지지로 다 썼으니 가을 하늘이 구름 한 점 없이 파랗지요), 아무리 소리 질러도 대답이 없으니 답답하여 파란 나뭇잎에 혈서를 써 하늘나라로

띄었지요. 해서 가을의 낙엽엔 풀벌레의 빨간 피가 묻어 더욱더 빨상
나 봅니다.

　무심한 세월은 겨울이 되고, 하늘에 도착하지 못한 풀벌레의 애절한 사연을 담은 편지지인 하얀 구름은 갈기갈기 찢겨 하얀 눈이 되어 세상을 하얗게 만드나 보구려. 해서 그 하얀 눈을 살포시 밟으면 지금도 풀벌레의 애절한 외침인 뽀드득 소리가 나지요.

　많은 세월을 허송한 우리지만 아직도 풀벌레보다는 많은 세월이 남았지요!

　X 사장님도 풀벌레같이 세월을 잊고 후회하시기 전에, 하고 싶은 (?) 다시 말하면 한기웅에게 맛있는 것 많이 사주시어 생의 기쁨을 누리도록 하시지요!

　그리 못하시면 전화라도 가끔 하시어, 서로의 즐거움을 나눕시다.

　하시는 모든 일이 하나님의 가호 아래 더욱더 번성하시길 빌며 항상 건강하시길….

2005년 12월
아쉬운 한 해를 보내며, 한기웅 드림

너무 더워서 한 헛생각

누군가는 '우리는 생각한다. 그러므로 존재한다'라는 알쏭달쏭한 말을 했다지요. 모든 사람은 모두 다 생각을 하지요. 사기꾼은 자기만 할 수 있는 기막힌 생각으로 사기를 쳤다고 쾌재를 부를 거고, 공자 가운데 토막 같은 친구는 아주 의젓한 생각을 하면서 자기가 바로 공자가 된 것처럼 으스대며, 나 아니면 세상의 모든 바른길은 다 무너질 거라는 엉뚱한 생각을…. 멍청한 친구는 계속 멍청한 생각만 하면서 세월 가는 줄 모를 테고…. 하지만 모든 생각은 다 비슷하지…. 아니 모든 생각은 모두 다 비스름하지, 아니 비슷한 게 아니라 모두 다 같지….

TV가 만들어지지 않은 옛날 미국 공과대학의 전기과의 한 학생이 친구와 교수 앞에서 아주 자랑스럽게 TV의 원리를 자랑했지. 3달 후 신문에는 TV가 특허가 났다고 대서특필하였지요, 해서 공과대학생과 특허권자는 지루한 법정 싸움을 하게 됐지요. 전관예우를 하지 않

는 현명한 미국법원은 공과대학생의 손을 들어줬지요!(비슷한 시기에 둘은 독자적으로 똑같은 생각을 했고)

지금 우리는 이웃집에서 무슨 일이 일어나나 모르지만, 파리에서 일어난 일을 바로 알 수 있고 베를린에서 박지성이 슛해서 불란서와 비긴 것을 실시간으로 알 수 있지. 그러나 이조 세종대왕 시절엔 유럽에서 일어난 일은 2~3백 년이 지나도 한양에선 알 수가 없었고, 또 알려고도 하지 않았지. 하니 우리가 구텐베르크보다 200년 앞서 금속활자를 발명했다고 생난리를 치나, 그 시절엔 200년이란 세월, 독일과 한양의 지정학적으로 볼 때 거의 동시라고 유추할 수 있지!

이천 년 전에 예수님은 "섬김을 받으려거든 먼저 섬겨라!" 하시면서 제자들의 발을 씻기셨지. 다시 말하면, 대장이신 예수님은 제자들의 졸병 노릇을 하시면서 진짜 대장으로 굳게 입지를 굳힌 거지. 즉 대장과 졸병이 같은 생각을 하지 아니하면, 그 조직은 와해 되고 만다 이거지. 다시 말하면 대장과 졸병은 같은 생각을 해야 한다는 말씀이지.

韓國魂(한국혼)이 같이하는 우리나라 古典(고전) 중에서의 相反(상반)되는 인물들을 한번 생각해 보자고요. 勸善懲惡(권선징악)의 대표적인 작품인 춘향전에서, 惡(악)의 대표인 변사또의 생각과 善(선)의 전도사인

암행어사 이도령의 생각을 잠시 생각해 보면, 두 사람의 생각이 같아서도 안 되고, 같을 수도 없다고 생각하며 작가도 교묘한 어법과 미사여구 등 특별한 표현력을 동원하여, 변사또와 이도령의 생각이 틀리다고, 즉 이도령은 선한 사람, 변사또는 악한 사람이라고, 독자에게 각인시키려고 노력하고 있지. 하지만 춘향전을 가만히 보고 있으면 두 사람의 생각이 똑같다는 것을 숨길 수가 없지. 두 사람의 한 획도 틀리지 않은 같은 생각은 바로 '**어떻게 해서라도 빨리 춘향이를 꼬옥 안아야지**(좀 속된 표현으로 하면 덮쳐야지)!' 하는 오직 한 생각뿐이지 다른 생각은 하나도 없다고….

홍길동전에선 의적 홍길동과 탐관오리의 생각이 다를 것 같으나, 두 사람의 생각은 같지. '어떻게 하면 멋지게 재물을 빼앗을까?' 하는 똑같은 생각뿐이지. 다른 게 있다면은 그것은 빼앗을 목적물만이 조금 다를 뿐이지, 즉 한 사람은 탐관오리의 재물이고, 다른 사람은 힘없고 선량한 농민의 재물인 것만이 조금 다를 뿐이지!

이제 객설은 접어두고, X 사장님과 이 글을 쓰는 한기웅과의 관계를 정립할 때가 아닌가 생각하며, X 사장님이 한기웅 졸병 하러 왔으면 그냥 쭉 졸병이 되면 될 것이고, 대장 하러 왔으면 "섬김을 받으러 왔으면 먼저 섬겨라" 말씀하신 예수님의 말씀처럼 먼저 한기웅의 졸병이 되면 된다나. 다시 쉽게 말하면 한기웅은 영원힌 대장이고, X 사장님은 영원한 졸병이라 이거지. 하니 앞으로 대장인 한기웅의 **비위 건들지 말고, 맛있는 것 있으면 대장님에게 먼저 권하고 술값 등은 졸병들이 알아서 계산하라고**, 이게 바로 변하지 않는 진리다 이거지! 히히히….

2006년 09월 12일
한기웅

X 사장님

X 사장님 2004년도 이제 다 저물어 가는구려! 몇 장 남지 않은 달력 장수를 보며, 많은 후회와 기쁨을 같이하며 재미있는 니의 인생을 서툰 글로 석다 보니, 좋은 친구들에게 험한 말을 하게 되면서…. 그래도 무척이나 귀한 친구가 생각이 나 한번 상상의 나래를 펴보는구려….

인생을 마감하려 하며

1. 당연한 일

우리는 소주 먹고 소줏값 내고 막걸리 먹고 막걸리값 내지요. 혹여 아이스크림 먹고 주스값 내려 하거나, 양주 먹고 소줏값(양주나 소주가 똑같이 취한다고 하면서…) 내려 하거나, 막걸리 먹고 그냥 가려 하면

(싼 막걸리라 몇 푼 안 된다며) 사람들은 미친 강도 같은 놈이라고 욕하지요. 간혹 친구 중에 요령이 좋은 친구가 있어, 술 산다고 친구들 잔뜩 불러 모아 신나게 술 먹고, 술값은 자연스럽게 딴 친구가 내게 하는 요령 좋은 친구가 있고, 점심 산다고 친구 잔뜩 모아 신나게 떠벌리며 점심 먹고, 신발 끈 매느라고 너무 바빠 딴 친구가 식대 내는 걸 모른 척하는 기웅이 같은 놈은 미꾸라지 같은 아주 얄미운 요령꾼이라고 하지요!

2. 피하지 못하는 것

우린 많은 세월을 보냈지요. 자랑하고 또 자랑해도 더 자랑하고 싶은 신나는 추억과 생각하기도 싫은 추한 추억, 그리고 덤덤하기만 한 그 모든 추억이 주마등처럼 지나가며, 그 많은 세월이 지나 버렸구려. 그 많은 세월과 함께 우리의 친구들이 멀리 가버렸지요. 하면서 그 많은 세월은 우리에게 말하지요. 소주 먹고 술값 내는 것처럼, 우동 먹고 점심값 내는 것처럼, 아주 당연하게 인생을 마감할 준비를 하라고 강요하지요! 아무리 술값 안 내는 미꾸라지 같은 요령 좋은 친구라도, 적기에 신발 끈 잘 매는 아주 바쁜 친구라도, 인생을 접는 것은 다른 친구에게 미루거나 자식이나 마누라에게 대신하게 할 수는 없지요.

3. 회상

인생을 접으려 하며 우리는 우리의 삶을 한 번 뒤돌아보게 되지요. 우리가 대단한 사상가 철학자 위대한 聖賢(성현)이라면 우리는 거창한 논어 맹자 사서삼경 같은 철학 이론을 만들었겠으나, 우린 그냥 凡夫(범부)라 그냥 우리의 삶을 한번 뒤돌아보는 게 전부지요. 하면서 우린 많은 친구를 생각하게 되지요. 금방 보고 또 보아도 그저 보고 싶은 친구, 아무리 친한 척해도 정이 안 가는 친구, 나한테 가져가는 것 없는데도 그냥 밉기만 한 친구, 그저 아무 생각 없이 악수나 하는 덤덤한 친구, 술이나 사면 좋은 친구 등의 여러 친구가 있어 한 번 생각해 보았지요!

4. 친구

썩은 단무지 꼬투리로 만든 만두는 모두 다 불량 만두지만, 친구란 좀 다르지요. A란 친구는 B란 친구에게 원수 같은 친구이지만, C란 친구에겐 둘도 없는 아주 다정한 친구가 될 수 있지요! 하나인 사람 친구 A가 B 에게는 나쁜 친구, C 에게는 좋은 친구가 동시에 될 수 있다니…. 곰곰이 생각해 보니 동전에 양면이 있는 것처럼 인간에게도 양면성이 있구려!

인간의 마음속엔 人面獸心(인면수심)이란 말처럼 생물의 본능과 人格(인격), 良心(양심)이라 일컫는 인간다움이 있지요. 해서 A라는 친구는 C란 친구에 대해서 본능보다 인간다움이 더 강하게 작용하면 좋은 친구, B란 친구에 대해서 인간다움보다 본능이 더 강하게 작용하면 개새끼(나쁜 친구)가 되는 거지요. 우리는 동전의 앞면을 바라보나 그 뒤엔 항상 뒷면이 있는 것처럼….

인간의 마음에도 항상 양면성이 동시에 작용하지요. 하면서 인간의 마음에 인간다움이 작용하면 본능은 슬그머니 숨어 버리고, 본능이 작용하면 인간다움은 딴전을 피우지요. 우리의 古典(고전) 春香傳(춘향전)에서 인간의 양면성을 현대판 버전으로 잠깐 생각해 보면….

5. 인터넷 채팅에서 본 춘향전

지금의 청소년들은 춘향전을 어찌 생각할까?, 우리 젊은이들은 춘향과 이 도령이 결혼하는데 변사또가 조금 걸리적거렸고, 월매의 재담이 춘향전의 판매 부수를 늘렸다고 생각하며….

춘향전을 인터넷 버전으로 다시 한번 분석해 보면, 요조숙녀 정절 미인에 팽팽한 얼굴의 고운 살결은…. 확고한 직장(장원급제)이 있으니 둘의 결혼은 당연한 논리 전개지요. 아무리 변사또가 깽판을 놓아도 말입니다.

변사또 버전으로 보면 늙은이의 똥고집, 사또의 오기에 사라져 가는 정력에 대한 최후의 발악으로 춘향전을 재미있게 만들었고, 춘향이가 혹여 수청 들었어도 변사또는 새로운 역사를 쓸 수가 없었겠지?

똥개의 버전으로 춘향전을 재구성한다면, 변사또 똥개가 춘향이 똥개와 사랑을 하고자 코를 뒷구멍에 들이대고 냄새를 맡으니, 춘향이 똥개가 꼬리를 내리고 꽁알대니 변사또 똥개가 춘향이 똥개를 한 번 꽉 물어 버리고 향단이 똥개와 사랑을 하러 떠나가리라. 똥개들이란 원래 본능밖에 없어, 인간처럼 오기나 고집 집착이 같은 것이 없어 춘향전이 싱겁게 끝나 버리는구만.

이렇게 춘향전에는 이도령·춘향이 버전 변사또 버전, 똥개 버전이 같이 존재하나 서로를 견제하면서 항상 상존하지. 하면서 세 개의 버전은 항상 합이 100이지. 변사또 버전이 강하면 춘향이 버전이 맥을 못 쓰고, 똥개 버전이 강하면 이도령 버전이 맥을 못 추지…. 즉 이

도령이 월담 해서 춘향이와 정분을 나눌 때는 완전히 똥개 버전이라 월매의 바른 소리가 전혀 들리지 않았고 그저 호롱불만 끄고 싶었을 테고, 변사또 버전일 때 춘향이더러 수청 들라고 어를 때는 춘향인 옥에서, 이도령은 헌 도포 입고 월매한테 보리밥 얻어먹느라고…. 이 도령 버전인 마패 앞에선 변사또가 벌벌 떨며 "문 들어 온다. 바람 닫아라(변사또 버전은 맥을 못 추는 거라)."라며….

6. 마치며

우리는 많은 친구가 있으며 보통 그 친구들을 좋은 친구, 나쁜 친구로 가볍게 분류하나 그건 잘못이지. 친구란 나쁜 친구가 전혀 없으며 모두가 좋은 친구일 뿐이지….

단지 우리가 친구를 상대할 때, 우리는 무심히 그 친구의 버전이 춘향이 버전인줄 알고 상대했다가 그 친구의 버전이, 똥개 버전이거나 변사또 버전이라 낭패를 본거지. 즉, 다시 말하면 나의 판단 실수로 그 친구의 버전을 실제와는 다르게, 나 혼자만의 상상으로 업그레이드 시키는 실수를 해버린 거지. 그 친구에겐 잘못이 하나도 없지….

친구가 똥개 버전일 때 친구와 상대하면 사기만 당하고, 변 사또 버전일 때 친구와 상대하면 실천은 안 하고 말만 앞세우는, 양기가 주둥이에만 남아 영양가 없는 거래가 되고 말지…. 이젠 우리도 나이도 들 대로 들고 눈치도 많이 늘었으니, 친구가 똥개 버전이거나 변사또 버전일 경우는 친구와 얘기하거나 거래하지 말고, 끈질기게 지두리다가(기다리다가) 친구의 버전이 춘향이 버전으로 바뀌면 같이 술도 마시고 인생도 논하고 나의 답답함을 하소연하면 그 친구는 둘도 없는 좋은 친구가 되고 말지…. 무슨 말인가 하나도 모르겠다고, 내 자세히 가르쳐 줄 테니, 소주 나 한잔 거하게 사라고….

2004년을 보내며 매갑는(맥없는) 친구
한기웅 드림

X 사장님 하늘이 도왔다지요!

아침이 되고 저녁이 됨은 지금이나 연말연시와 전혀 다르지 않으나, 사람들은 연말연시에 되게 호들갑을 떨지요. 해서 나도 모르게 그때에만 일 년이 그냥 지나가는 것 같이 느껴지지요! 허나 일 년은 초하루부터 360일이 지나야 일 년이 지나가지요! 다시 말하면 연초나 지금이나 똑같은 하루라는 거지요. 연초에 계획을 세우고 너스레를 떠는 것도 좋으나, 지금이라도 반성하고 새치로 시작하면 남은 일 년을 값지게 살 수 있다 이거지요!

언젠가 부여의 낙화암을 가게 되었지요. 초등학교 때 배우기를 당의 침략을 받아 삼천궁녀가 낙화암에서 금강으로 떨어져 죽었다는 아주 슬픈 역사가 생각이 나…. 삼천이나 되는 젊고 아리따운 궁녀들이 죽었다니, 그중에 한둘만 살아 있었어도 잘 써먹을 건데 너무나 아까운 생각이 들었지요. 문득 머리에 스치는 생각, 세상에는 100%라는 것은 절대로 없다 하면 삼천궁녀 중 1% 아니 0.1%라도 살아 있을 수 있지요. 만약 살아 있으면 내가 찾아 한번 잘 써먹자 하는 엉뚱한 생각에 같이 가자는 마누라의 외침을 뒤로하고 헐레벌떡 낙화암에 올라갔으나 보이는 건 젊고 예쁜 궁녀가 아니라 막걸리 처먹고 꺽꺽대는 시골의 점잖으신 어른들(늙다리들)만 보이니 원….

아깝고 서운한 마음에 주위를 둘러보며 상상의 나래를 폈지요. 삼천궁녀를 거느린 의자왕은 무척이나 행복했겠구나 하면서 어째서 이름이 의자왕인가? 책상왕 소파왕도 아닌 의자왕이라 희한한 생각이 들더군. 하면서 생각의 나래를 펴보니 삼천궁녀를 일 년에 한 번씩이라도 볼려면(기쁘게 해주려면) 하루에 열 명이라, 지가 아무리 왕이라도 다리가 후들후들 떨리고 하늘이 노랗게 보일 수밖에 없지. 하니 지가 서 있을 수가 없을 테고 그러면 맨날 의자에 앉을 수밖에 없지. 그래서 의자왕인가보다 하며, 신역사의 새 이론을 새치로 만들면서 히죽대며 주위를 살펴보니….

낙화암으로 가는 길옆에 아람드리 소나무가 서 있는데 길을 따라가며 서 있는 많은 소나무가 곧게 서 있는 게 하나도 없고, 거의 전부가 45도 각도로 비스듬히 서 있는 거라.(언제 한번 낙화암 가보라구 비스듬히 서 있는 소나무가 전부 다 길 따라 주욱 여러 그루가 늘어서 있지!) 이상하게 생각하며 엉뚱한 생각을 한번 해봤지. 왕이 삼천궁녀를 거느리려면 인간으로서는 불가능하고, 하늘이 돕지 않으면 안 된다 하면 하늘이 무엇을 도왔을까?

　삼천 명의 궁녀를 준 하나님은, 왕에게 삼천궁녀의 원한을 사면 안 되게 했으므로 일 년에 적어도 한번은 궁녀를 만족하게 해주어야 하므로, 단순 수학적으로 생각해 보면 왕은 하루에 열 명의 궁녀를 상대해야 하므로 정상적인 체위를 유지한다면 죽을 지경이니라. 의자왕이란 이름까지 붙었으나 하나님은 왕이 죽으면 안 되겠으므로 하나의 아이디어를 내어 낙화암 주위에 있는 곧게 자라는 소나무를 하나님의 강권에 의해 거의 다 45도로 기울게 하고 젊고 예쁜 아가씨를 비스듬한 나무에 뉘어 놓고 왕이 궁녀를 기쁘게 해주면 궁녀도 좋고, 왕도 무릎을 꿇지 않아도 되니 힘이 안 들 것이고, 해서 백제가 조용했겠구나! 맞는가? 틀리는가? 아니 전혀 맞지도 않고, 전혀 말도 안 되는, 한번 엉뚱한 생각을 조용히 해봤지! 히히히….

　벌서 3월이구려. 나같이 엉뚱한 생각 하지 말고, X 사장님은 마나님 위해 설거지도 열심히 하고 청소도 깨끗이 하여 마나님의 사랑을 잃지 말고, 더욱더 건강하시고 평안하고 단란한 가정이 되기를.

2010. 03. 18.
한기웅 드림

X 사장님 또 한 번의 봄이랍니다!

또 한 번의 봄이 돌아왔습니다.

IMF며 경제 파탄이며 X 사장님도 무척이나 어려우시지요?

어려워도 세월의 한 조각인 봄을 지나칠 수 없어 삼국지의 영웅호걸들의 봄을 생각해 봅니다.

구레나룻 수염에 막걸리 방울이 주렁주렁 달렸었다는 장비의 봄은? 아무리 많이 술 먹고 아무 데나 쓰러져 자도 얼어 죽을 염려 없으니, 아주 기쁜 계절이지요.

적토마를 타고 주유천하 하던 조자룡, 겨울엔 말먹이 준비해주던 춘심이 집밖엔 못 갔으나(적토마 굶어 죽으면 큰일이니) 봄이라 사방 천지에 말 먹이가 많으니, 예뻐도 준비성 없던 애심이 집과 명자의 집도 갈 수 있으니 좋았을 거고….

모자라는 국가 재정과 빈약한 국방력으로 세상을 호령하고 싶던 제갈공명, 겨울이나 봄이나 얼굴 필 시간이 없었겠지요. 시방 말로 말할 것 같으면(현대적 표현으론) 일류 사기꾼인 공명에게는 봄이라고 특별한 감회가 없었겠지요.(적벽대전에서 공명이 사기 치지 않았다면 손권은 이길 수가 없었지요).

X 사장님은 이 좋은 봄에 두 배의 기쁨을 누리도록 하시지요.

한기웅 만나 술 받아주지 않나 눈치 보면 짠돌이가 술 받아주지 않을 거니, 스트레스받게 되지요. 하니 얼른 먼저 "술 한잔 마시자"라고 하시어, 스트레스받지 않아 한 번의 기쁨이요, 이 좋은 봄에 그 좋은 쇠주 맛보니 두 번의 기쁨을 누리시도록 하시지요!

좀 둔한 본인은 이 좋은 봄에 사무실 옮기려 합니다. 전화번호도 바뀌었다고 말씀드리면서,(사무실이 옮겨지면 전화번호 바뀌는 건 당연한데 그걸 가지고 큰소리치는 건 둔한 사람만의 억지지요) 항상 건강하시고 하시는 사업이 더욱더 번창하시길 빕니다.

1988. 04. 10.

꽃피는 3월에

안녕하십니까?

꽃피는 春三月(춘삼월)이랍니다. 엄청 좋은 계절이며 또한 바쁜 계절이시죠!

겨우내 게으름 부리던 땅 밑의 새싹들은 봄의 하늘을 보기 위해 그렇게 바쁘고….

겨우내 북풍한설과 권주가를 부르던 나무들은 새싹과 꽃을 피우기 위해 그렇게 바쁘고….

처녀, 총각은 달콤한 연애 하느라고 무지하게 바쁘고….

마누라와 수작하던 농부는 봄의 향기와 같이 들일 하느라 그렇게 바쁘고….

언젠가는(몇 년 전에) 우리나라에 박가 없으면 살맛이 나지 않는다고 떠벌리던….

야구 투수 P씨, 아니 공동묘지에서 담력을 키웠다고 호들갑을 떨던, 골프의 여왕이라던 P씨, 요즈음은 신문쟁이에게 얻어터지느라고 공을 던지거나, 치지를 못할 정도로 바쁘다지요….

바쁜 사람은 또 있지요!

안암팍(전 대통령 N씨 부부)이 쌍꺼풀 수술하느라고 그렇게 바빴던 푸른 기와집의 주인들…. 일가구 3주택 중과하자고 중론이 확정된 때, 안된다고 게거품을 물고 되게 바쁜 척하며 설쳐대던 헌재목인가 경재부총린가(L씨)하는 양반 알고 보니, 투기꾼의 남편이었고…. 해서 생각 없이 바빠진 3월에 생각 없이 한 행동을 4월에 가만히 반추해 보니 4월은 잔인한 사월이 될 수밖에….

아무리 바쁘다 해서 남이 장 보러 간다고 거름지게 지고 장에 가는 우를 범하면 안 되지요. 이 바쁜 계절에 우리 한번 모여 얼마나 바쁜지 한번 얘기해 봅시다.

2005년 3월 17일 목요일 오후 6시 30분에 구반포에 있는 순천집에서 말입니다. 차를 가져오실 분은 순천집 뒤나 길 건너편의 아파트 단지에 주차하시면 됩니다.

아무리 바빠도 3월 17일 목요일은 잊지 마시고 얼굴이나 보면서 자식 자랑 좀 합시다.

2005년 3월 14일
한기웅 드림

X 집사님
장모님 상에 위로해 준 데 대한 감사의 편지

주님 안에서 은혜와 평강이 같이 하시기를 빌며….

지난번 저희 어머님 천국 가실 때, 기도하고 준비하였으나 운명하시자마자 당황하고 슬퍼서 어찌할 바를 몰라 우왕좌왕하는데 X 집사님께서 찾아 주셔서 기도해 주시고 위로해 주시고 용기를 더해 주셔서, 어머님의 마지막 길을 순탄하게 보내 드리게 된 것에 그저 감사하는 마음뿐입니다.

옛날에 중국의 삼국지에 나오는 유명한 촉나라 군사 제갈공명은 운명하면서 아주 큰 일을 했다지요. 즉, 죽은 제갈공명이 살아 있는 오나라의 사마중달을 완전 참패시키며 천 리나 허겁지겁 패퇴시켰다지요…. 우리 어머님은 천국 가시면서 아주 귀한 X 집사님을 나의 마음에 刻印(각인)시키는 아주 큰 일을 하시고 말았구려!

하나님 앞에서는 제갈공명은 많은 군사를 죽였으니 되게 혼나겠고, 우리 어머님은 많은 성도 간의 좋은 교제와 많은 기도를 가지고 가셨으니 주님에게 많은 칭찬을 받으시겠지요!

시인 柳石雨(유석우)는 행복을 다음과 같이 노래했다지요!

행복

유석우

입속으로라도

부를 이름이 있는 사람은

짧은 편지라도

보내고 싶은 데가 있는 사람은

행복이라는 마차를 놓치지 않습니다.

꿈에서라도

만날 사람이 있는 사람은

> 해야 할 일이 있는 사람은
>
> 비록 어둠 속에 있어도
> 그리움 하나
> 버리지 않는 사람은
>
> 행복이라는 마차를 타고 갑니다.

　　우리의 관계는 주님 안에서 항상 교우의 다정한 교제를 했지요. 그러나 우리 어머님이 천국 가시며 귀한 X 집사님을 더욱더 가깝게 하시게 하였으니,

　　우리 시인 유석우의 노래처럼

> 우리 서로가 입속으로라도 부를 이름이 되고,
> 짧은 편지라도 보내고
> 꿈에서라도 만날 사람이 되고
> 어두움에서라도 그리움을 그리는 사람이
> 되도록 하시지요.

해서 우리 모두 행복이라는 마차를 타고 가시도록 하시지요.

항상 건강하시고 행복한 가정이 되기를 하나님께 항상 기도드리며….

2006. 04. 15.
한기웅, 조충례 드림

후기

　어머님(장모님)이 돌아가신 후 많은 교회분이 부조금을 보내 주셨고, 본인과 마누라가 감사의 편지를 보낸 후, 교회 행사에 참석하면(나는 사람 구별하는 눈이 좀 거시기하여 누가 누군지? 잘 모름) 얼굴을 아는 교인들이 내 옆에 와서 답장 편지를 내가 썼는지? 내 마누라 조 권사가 썼는지? 아니면 다른 사람이 써주었는지를 집요하게 물으며, 편지가 아주 좋아 대단히 감사하다고 입에 침이 마르도록 칭찬들을 하니, 진짜는 부조금을 많이 주어 내가 감사해야 하는데, 그게 아니라 나에게 감사하다 하니 참 거시기하였지요.
　어느 성도님은 내 마누라 조 권사에게 '조 권사님 편지가 대단히 감사합니다. 허나 내 편지는 내 이름이 틀렸어도 너무 멋있어 그냥 보관할 거예요.' 어매 큰 실수를 한 거지 내가 주소 확인하고 이름도 일일이 대조하며 확인을 2~3번 했는데도 실수가 나왔으니 내가 큰 실수를 했는데도, 우리의 실수를 탓하기 전에 그냥 고맙다고만 하니 몸

둘 바를 모르겠드라고. 하여튼 교회 성도들이 다 감사 하니 우리도 배로 감사할 수밖에….

청첩장

　X 사장님 안녕하십니까! 감나무 밑에서 입을 쩍 벌리고 있으면 잘 익은 홍시가 입속으로 뚜욱 떨어진다지요!

　하지만 잘 익지 않은 여름엔 떫은 감이 입속에 떫은맛만을 가득 남길 거고, 한겨울엔 꽁꽁 언 홍시가 입속의 이빨을 상하게 할 수도 있다지요! 또한 감나무 밑이 아니고 상수리나무 밑에선 맛없는 도토리만 입속으로 떨어질 거고, 해서 적당한 시기와 적당한 장소에서만 달콤한 홍시를 맛볼 수 있다지요!

　이제 자랑스러운 두 젊은이가, 우리 선조들이 계속해왔고 또한 우리 후손들이 계속 이어나갈 역사의 한 페이지를 이루려, 적당한 시기를 찾기 위해 30 여성상을 기다렸지요. 적당한 장소와 합당한 사람을 만나기 위해 그 많은 친구와 즐거운 미팅을 가졌던바, 이제 하나님이 점지하여 주신 기쁜 반려자를 만나, 깨가 쏟아지는 신혼을 시작하려 하오니 두 젊은이가 새 가정의 달콤한 홍시를 얻는 기쁨을 같이하시면 감사하겠습니다.

혹여 X 사장님께서 너무 바쁘셔서 시간이 없으시거나, 저희와 기쁨을 같이할 감정이 아니신 분이라도 넓으신 아량으로 우리 젊은이가 새로운 가정을 만들어 새출발하는 새 가정이 모든 사람과 잘 어울릴 수 있도록 새 가정이 자기의 의무를 다할 수 있도록, 어디서나 꼭 필요한 가정이 되도록, 멀리서나마 결혼식인 2010년 12월 4일 오후 2시에 기도와 산구를 하여 주시기를 간절히 바라며….

한기웅의 딸 결혼 스케줄

시간: 2010년 12월 4일 토요일 오후 2시

장소: 남서울교회[서초구 반포2동 4-12, **T** 02) 2023-5600] 본당

위치: • 지하철 9호선 신반포역 1번 출구

• 강남 고속터미널 호남선에서 구반포쪽(서쪽)으로 약 500M 떨어져 계성초등학교, 신반포중학교 및 반포2동 동사무실 옆.

PS:

결혼식장이 교회라 술과 담배를 준비할 수 없사옵니다. 술과 담배가 꼭 필요하신 분은 축하금으로 편안하게 단골집에 가셔서 좋은 술 마시고 담배 피우시는 것이 혼주를 돕는 길이오니, 대단히 미안스러우나 좀 혼주를 도와주시기를 바라며....

2010. 11. 11.
한기웅 드림

혼인 잔치에 축하해 준
친구에 대한 감사 편지

X 사장님 대단히 감사합니다.

X 사장님께서 우리 사위 박○○과 딸 한○○ 결혼식을 축하해 주신 것에 대해 그저 감사하는 마음뿐입니다. 많은 축하객보다 더 X 사장님의 축하가 더 고맙게 느껴짐은 X 사장님의 따스한 마음 때문이겠지요.

저물어 가는 한 해가 며칠 남지 않았군요. 세상의 모든 사람은 연초에 모든 계획을 세우고 하나하나 실행해 나가지요. 그해에 다하지 못한 귀한 일은 다음 해로 미루지 아니하고 연말에 서둘러서 처리한다지요. 하나님도 많은 일을 하셨지만 하나뿐인 귀한 아들인 예수님을 우리들의 구원(구속)을 위해 세상에 보내시는 귀한 일을 해를 넘기지 아니하시고 연말 닷새 전인 12월 25일(성탄절)에 하셨지요. 해서 너무 귀중한 일이라 생각해서 그랬나 어쨌나 우리의 사위와 딸은 12월이 가기 전에 결혼했나 보구려! X 시장님의 축복처럼 신혼부부는 새해의 처음부터 깨가 쏟아지는 신혼살림과 더 귀한 인생을 전개하려고 말이지요.

　　최초의 결혼식인 아담과 하와의 결혼식에는 축하객이 하나님 한 분뿐이었고, 하나뿐인 축하객은 맘껏 축하와 함께 제약(선악과를 따먹지 마라, 영생과를 먹지 마라)을 주셨으나 인류의 최초 신랑 신부인 아담과 하와는 축하객인 하나님의 진실한 축하처럼 번성하고 중다하여 지금의 많은 인류를 만들었지요. 하나님이 함께하는 남서울교회에서 하나님을 모시고 특별 손님인 목사님과 많은 축하객과 X 사장님의 진실하고, 제약 없는 축하를 받은 우리 애들은 아담과 하와보다 더 번성하겠지요. 그게 모두 다 X 사장님의 덕분입니다.

　　그저 감사하는 마음뿐입니다. X 사장님도 이루지 못한 귀한 계획을 금년이 가기 전에 모두 다 이루시기를 기원하며, 더욱더 건강하시고 가정에 두루 행복과 번영이 같이 하시기를 하나님께 빕니다.

2010. 12. 09.
한기웅, 조충례 드림

당연하지요! X 사장님

　X 사장님 연말이 되면 모두 다 '아쉬운 한 해를 보내며….'라고 주저리며, 새해엔 '희망찬 새해를 맞아….'라고들 떠벌리나, 그렇게 지껄이는 낱늘이 모두 다 당연한 말씀이라 그저 꿀 먹은 벙어리처럼 가만히들 있지요! 언젠가 TV를 보니 **'당연하지!'** 라는 게임이 있더군, 게임 하는 상대편 둘이 나와 엉뚱한 말을 하면 그냥 "당연하지."라고 하면 게임이 계속되고, 엉뚱한 말에 토를 달면 지고 말도만. 다시 말하면 "넌 내 아들이지."라고 말할 때 "당연하지."라고 대답하면 게임이 계속되고 "아니 어떻게 내가 네 아들이냐?"라고 사실을 말하면 게임에 져 버리도만!

　당연한 일은 주목받지 못하고 당연히 역사 속으로 연기처럼 사라지나, 당연하지 않은 것은 그것이 교묘하게 모여 民族詩(민족시)가 되고, 유명한 문학작품이 되며 세상을 시끄럽게 하는 여론이 되어…. 우리 민족과 영원히 함께할 위대한 민족시 **진달래꽃**을 쓴 김소월은 당연하지 않은 사항을 몇 줄의 분상으로 표현히여 대작을 만듦었지, "말 없이 고이 보내 드리오리다.", "즈려밟고 가시옵소서." 보통 사람 같으면 누군가가 간다면 붙잡아도 보고 불러도 보고 사정도 해볼 테지만 詩人(시인)은 당연하지 않게 "말없이 고이 보내 드리오리다."라고 했지. 꽃이야 좋아서 오는 사람에게 주는 것이지, 싫어서 가는 사람에게 꽃다발을 주면 바로 쓰레기통에 버릴 게 뻔하니. 해서 꽃다발 준다는 얘기는 쏙 빼고 대신 영변의 약산 진달래꽃을 즈려밟고 가라고 엉뚱한 표현으로 나타냈지. 다시 말하면 당연하지 않은 생각과 당연하지 않은 문장으로 대작을 만들고 말았지!

X 사장의 애들과 본인의 애들이 결혼을 전제로, 만남을 갖는다면 당연하여 우리는 모두 기뻐하고 박수칠 테지만, 셰익스피어는 **로미오와 줄리엣**을 말도 안 되며, 확률적으로도 거의 불가능한 원수의 자녀들로 설정하여 즉, 당연하지 않은 만남의 假定(가정)에 의하여 불멸의 명작을 만들고 말았지! 하기야 로미오와 줄리엣이 원수가 아니었으면 그 소설은 존재할 수가 없었겠지만? 춘향전에서도 당연하지 않은 변사또가 없었으면, 춘향전도 없었겠지만….

요즈음 저녁 8~9시경이 되면 공중파들이 뉴스라고 함시롱, 서로들 악을 쓰며 되게 떠드는 게 뭐냐면 바로 당연하지 않은 행동을 X 사장님께서 하시니 그렇다 이 말씀이지. 하니 앞으로 X 사장님께서 당연한 행동을 하시면 세상이 몰라보게 조용해질 것이라는 이 말씀….

당연한 행동이란 바로 연말연시에 한기웅한테 문안드리는 것. 연중 항상 한기웅에게 뇌물성 선물하는 것.
아주 자주 한기웅에게 소주랑 맛있는 술대접 하는 것. 이다 이 말이지.

그래도 가방끈이 넉넉한 X 사장님께선 무슨 말씀인가 잘 아셨을 테니 위 셋 중에서 하나라도 잊지 마시고, 잘 시행하셔서 세상이 좀 더 조용해지게 하시도록 히히히….

새해엔 항상 건강하시고, 넉넉한 가정에 행복이 가득하시길 하나님께 빕니다.

2006년 12월 10일
한기웅

새치로 생각해 보는 **매국노와 애국지사**

우린 옛날 고등학교 시절의 국사 시간에 '역사는 반복 된다'라면서 相反合(상반합)이란 요상한 이론을 농구 감독이었던 국사 선생님으로부터 귀가 따갑도록 들었지요. 즉 전혀 화합할 수 없을 것 같은 왕족과 서민인 농민이 뒤섞이며 왕정이 무너지고 민주주의와 공산주의로 갈라졌으며, 전혀 화합할 수 없을 것 같은 상(민주주의)과 반(공산주의)이 합(자유로운 세상)하여 자유로운 정상적 세상과 테러의 세상으로 양분되며 세상을 시끄럽게 하면서, 매갑는 사람의 아니 기자나 외교관의 모가지를 마호메도의 계시라 하면서 싹둑싹둑 자르고 있지요.

옛날 일정 땐 매국노들은 내선일체라 하면서 우리나라 사람을 일본 놈 만들려고 억지로 우리나라의 성씨나 언어를 말살하려 했고 그때 독립투사들은 사라져 가는 민족정기가 안쓰러워 평양에 숭실 학원, 서울에 배재 학원 등 우리나라 민족 학교를 세우며 거대한 친일 세력에 반항하며 한국 역사와 한글을 지키려 애썼지요. 요즈음 돈 좀 있는 놈들은 국제화라 하면서, 한국말도 제대로 못 하는 초등학생들을 조기유학이란 미명하에 미국에 보내어 한국말도 제대로 못 하는 얼치기 미국 놈 만들려고 환장들을 했고….

세계에서 알아주는 현대, 삼성, H 박사(후에 사기꾼으로 전락했지만)들은 영어를 잘해서 알려진 게 아니지요. 세계적인 초일류 기업이 되었거나 세계적인 줄기세포 연구로 알려진 거지, 정몽구나 이건희 H씨 등이 영어를 유창하게 잘해서 알려진 건 아닌데…. 사설학원의 유능한 씨돈톨이로 인해 영어를 잘해야 국제화에 뒤지지 않으니 빨리 학원 와서 영어 공부(아니 수강료 내라!)해야 뒤지지 않는다고 착각을 하게 하고 있으니? 국제화 세계화의 선두주자가 되려면 자기 분야에서 두각을 나타내야 하는 거지.

아무리 영어를 잘해봐야 석학들의 뒤 따까리 역할밖에는 아무것도 아니지. 즉 아무리 타자를 잘 치는 타자수라도 유능한 소설가나 시인은 못 되지. 타자를 전혀 못 치는 사람도 아주 유능한 소설가나 시인은 될 수 있지. 다시 말하면 영어라는 것은 타자 치는 실력과 같은 단순한 기능일 뿐이지…. 능력이 아니란 것을 우리는 간과하고 있지. 만일 영어가 능력이라면 영어 잘하는 미국 놈들은 다 노벨상 받아야지?

옛날에 얼빠진 지도자들인, 경상도 김유신은 정권을 잡기 위해 당 (중국)에 아부하여 고구려를 망하게 하고 정권은 잡았으나, 우리나라 땅이었던 만주를 중국에 상납하고 말았고 김유신만 날뛰지 않았어도 지금도 만주는 우리 땅일 텐데….

의리의 대구 사나이 박정희는 우리나라 아가씨들이 너무 예뻐 채홍사가 실직될까 봐 월급 주려고 18년이나 독재했으며, 정권 잡고 싶은 대쪽은 비자금을 차떼기로 모았었지. 요즈음 대권에 눈이 먼 지방자치단체장들은, 앞다투어 자기 지방에 영어마을 영어 학교, 특목고를 세운다고 설쳐대니…. 뭐가 애국이고 뭐가 매국인지도 모르면서….

그래도 한기웅 같은 현명한 나라를 걱정하는 사람이 있으니 뭐가 매국이고 뭐가 애국인지 우리가 알게 되어 매국보다는 애국을 할 수가 있게 하지! 하니 한기웅은 둘도 없는 애국자지?

매국노 즉 나라를 일본에 넘겨준 이완용이나 만주를 당나라에 헌납한 김유신이나 일제 시기 독립군을 일본 헌병에 넘겨준 친일파나, 애국자인 한기웅에게 사기 친 친구 놈들이나, 초등학교 다니는 아들을 조기 유학시킨 못난 부자들, 외국어 고등학교 유치한 대권주자들이 모두 매국노들이지….

옛날의 매국노들은 독립군의 육철포 총탄이나 도시락 폭탄에 박살 났었고, 의리의 대구 사나이라고 자칭하던 전 대통령 P 씨는 자기의 오른팔인 중앙정보부장의 총탄에 채홍사들이 실직되고 말았지. 지금의 매국노들은 기러기 아빠의 고독이라 하면서(멍청한 기자들의 생각), 진짜는 독립군 영령들의 저주를 받고 자살하거나 이혼당하여 가정이 풍비박산 나고 말았지. 한기웅 같은 애국자에게 사기를 쳤거나, 마음을 아프게 한 매국노 같은 친구들은 금방이라도 사업을 일으킬 것처럼 날뛰어도, 서서히 망해 가거나 아니면 치매기가 벌써 발동하여 자꾸민 헛소리를 하도만. 하니 나 같은 애국자에겐 군자금을 마련할 큰 사업을 밀어주거나, 맛있는 것 많이 사주어 매국노들을 확실히 밝히는데 큰 힘이 되도록 하면 그게 바로 애국이지…. 애국이 뭐 별건가?

2006년 7월 반포의 한 귀퉁이에서
기웅

옛날에는

1. 옛날에는

옛날에는 비가 오려면 이웃 동네 돌식이가 이상한 짓을 했지요. 아니 돌식이가 혼자 뭐라 궁얼대고 이상한 행동을 하면 사람들은 "비가 오려나 보다"라고 생각했지요. 허나 지금은 예쁜 처녀가 혼자 지나가며 뭐라 투덜대며 화도 내고, 애원도 하고, 하하 웃어도 사람들은 아는 척도 안 하지요. 간혹 지나가는 늙은이만 이상한 눈으로 쳐다볼 뿐이지요. 예쁜 처녀의 귀에는 작은 이어폰이 꽂혀있어 친구와 통화하는 중이지요. 늙은이만 세상 돌아가는 것을 몰라 한번 쳐다보았을 뿐이지요.

2. 음악에서는

　난 음치라 음악을 논할 자격이 있나 모르지만, 세상 돌아가는 걸 가만히 보면 유명한 음악가는 카네기홀 인가 무슨 홀에서 베토벤이나 모차르트를 연주하는 게(완주) 가문의 영광인 것처럼 얘기들 하는데, 난 도저히 이해가 안 되는 거라. 베토벤이나 모차르트는 18C 사람이라, 즉 다시 말하면 그 사람들은 외국 가려면 돛단배나 말 타고 끄덕끄덕 다니던 사람들 아닌가? 그런 사람들이 말 타고 다니면서 만든 음악이 현내의 우주선 안에서 들린다니…. 현대음악의 대가 즉, 음악의 일인자라는 사람들이 자기가 만든 곡이 아닌, 고리타분한 시대에 만든 베토벤이나 모차르트 곡을 연주하는 것을 대단한 척 자랑하는 걸 보면(꼭 원숭이가 조련사가 시키는 대로 돈 가지고 시장 봐오는 것만 같이…. 흉내 내는 것만 같아…) 어째 껄쩍지근하고만. 음악의 대가라고 자칭하는 사람들은 옛날의 베토벤이나 모차르트보다 더 좋은 곡을 써야 하는 게 아닌지. 아니면(좋은 곡 쓸 능력이 없으면) 거드럭거리지 말고 옛날 베토벤이나 헨델의 음악가 선생님들이 했던 대로 비행기 타고 다니지 말고 옛날 음악에 딱 맞는 말이나 타고 끄떡끄떡 다니던지….

3. 철학에선

언젠가 TV를 보니 머리를 빡빡 깎은 도와 달라던가? 도올이라던가 하는 양반이 나와, 공자가 자기 친구인 것처럼 올렸다 내렸다 야단을 치며 우리나라가 최고라며 좀 아리송한 논리를 펴도만. 난 그 양반이 수세식이 아닌, 푸세식 변소 옆에서 만든 공자의 철학 이론을 가지고 수세식 변소 옆에서 안 어울리게 왈가왈부하지 말고, 진정한 철학자라면 공자나 맹자보다 더 발전된(푸세식 변소보다 발전된 수세식 변소처럼) 철학 이론을 만들었으면 하는데, TV에서 보니 강아지가 먹이 앞에서 주인이 다섯 세면 먹도만. 절대로 넷이나 다른 말 하면 안 먹도만, 강아지는 자기가 사람이라고 착각하며 아주 흐뭇하게 생각하는 것처럼 보이도만…. 공자 말씀 몇 개 왼다고 공자 되는 건 아니니…. 허나 그런 소리 듣는 방청객들의 환호는 대단하도만? 공자가 다시 살아난 것처럼 참….

4. 과학에서는

뉴톤은 코페르닉스의 지동설을 폄하하거나 치켜세우지 않고, 멍청하니 사과 떨어지는 것을 보고 만유인력의 이론을 만들었고 아인슈타인은 지동설이나 만유인력을 왈가왈부하기 전에 자기 집 전화번호도 기억 못 하며 아주 멍청하게 지동설이나 만유인력을 인정하고, 연구실에서 상대성 이론을 만들고 말았지! 만일 아인슈타인이(도올이 공자를 가지고 노는 것처럼, 음악의 대가가 카네기홀에서 고전 베토벤을 완주한 것을 거창하게 자랑하는 것처럼) 지동설이나 만유인력을 추켜세우거나, 비하하면서 뉴톤이나 코페르니쿠스를 논하면서(가지고 놀면서…) 잘난 척했다면, 상대성 이론을 만들 시간이 없었겠지? 해서 지금도 우린 자가용 아닌 우마차 타고 서울 시내를 활보하겠고….

5. 우리는

옛날에는 친구가 이사 간다면 와서 청소도 해주고 이삿짐도 날라주고 많은 도움을 주었는데, 요즘의 싹퉁머리 없는 것들은 친구가 이사 간대도 콧방귀도 안 뀌니 아니 친구가 이사 간 전화번호를 알려줘도 전화도 한 통 안 해요…. 지가 무슨 철학자나 음악가인 것처럼 요상한 이유를 달며 되게 잘난 척하면서 말이지. 물론 이 사장님께선 뉴톤과 아인슈타인 같이 아무 이유 안 다시고 전화도 주시고 시간이

나시면 방문도 해주실 테니, 이 사장님께 항상 감사하는 마음뿐입니다만!

바뀐 주소는 :

바뀐 전화는 :

항상 건강하시기를 바라며
2005년 5월 23일
한기웅 드림

바둑

1. 옛날에는

　1960년대에는 바둑을 두려면 일본의 무슨 기다니 문하생이거나, 야마시다 문하생이 아니면 프로의 세계에서 발을 붙이질 못했지요. 그 유명한 조남철 김인 하찬석 조훈현 조치훈 등 모든 프로 기사가 모두 다 난다긴다하는 일본의 명문가 문하생이었지요. 1970년대인가 1980년대에 조훈현 국수가 바둑판을 평정할 때, 홀연히 나타난 서봉수는 일본이 뭔지도 모르는 순수 국내파라 서봉수가 조훈현을 이기자마자 신문들은 다투어, 순수 국산이 일제를 이기었다고 대서특필하였지요. 하지만 신문들은 바둑 명문가들의 몰락을 점치지는 못했지요, 그저 서봉수라는 유능한 돌씨가 나와 바둑계를 평지풍파를 일으킨 정도로만 생각했지….

2. 역사적 명문가가 없어진 뜻은

　바둑의 명문가라 하면, 70살이 먹었건 80살이 되었건 간에, 하나의 秀長(수장) 밑에 그보다 못하지만 다른 바둑 두는 사람보단 조금 잘 두는, 내 제자들이 많이 있고 그 내 제자들을 수장이 먹여 살리는 구조라야만 명문가가 이루어지지. 만일 최고 책임자가 내 제자들을 먹여 살리지 못하거나, 내 제자가 수장을 이긴다면 바둑의 명가는 유지될 수가 없지요. 좋은 예로 조훈현의 내제자였던 이창호가 조훈현으로부터 타이틀을 빼앗자마자, 바로 조훈현은 이창호를 내쫓고 말았지…. 해서 내제자가 되려면 바둑도 잘 두어야 하지만 수장을 이기면 안 되고 너무 부자라 수장 말 안 듣고 맘대로 햄버거 사 먹어도 안 되니, 21세기에 자유분방한 청소년들이 바둑의 내 제자가 될 사람이 하나도 없지. 하니 내제자로 유지되던 일본 바둑이 망하고 만 거지…. 하니 말도 잘 안 듣고 바둑도 센 쌘돌 이세돌, 안조영, 박영훈, 최철한, 원성진을 내제자로 받을 바둑의 명문가가 없지…. 그들은 바둑 학원에서 돈 내며 아니 인터넷을 보며 바둑을 공부한 거지….

3. 9단보다 센 초단

2~3년 전인가에 신문인가 바둑지에, 入神(입신) 9단보다 센 초단이라고 떠들며, 지금(그때) 같은 승단은 불합리하다고 하며, 승단의 치수를 변경하였지. 해서 바둑 TV에서 바둑 해설자인 9단들이 해설하며 호칭에 대하여 한참 헤맸지. 이세돌 초단이라고 했다가 아니 이세돌 9단으로 변경하느라고 말이지. 아니 최철한 7단을 최철한 2단으로 잘못 말해서 말이지.

멍청한 얘긴지는 모르겠으나 9단보다 센 초단이라면, 입단하며 초단들에게 져서 입단하지 못한 바둑 지망생들은 9단과 비슷한 실력이거나, 한 6단 정도의 실력이라고 인정해야 하는 게 아닌지? 더 양보하더라도 지금의 2~3단보다 실력이 좋은 바둑 입단 희망자들이 입단자의 수에 의하여 입단을 못 한다는 결론이라….

4. 기존 멤버들은 자기보다 나은 신인이 들어오는 게 싫다

바둑 명문가의 수장이거나 바둑계를 좌지우지하는 고단들은 자기들의 기득권을 유지하기 위하여 자기보다 실력이 좋은 신진들의 출현이 되게 두렵지요. 해서 입단에는 나이의 제약, 입단자 수의 제한, 입단자의 실력도 제한하고 싶으나 자기들도 사람이라 그것만은 못하지…. 해서 교묘하게 숫자로 하여 그 많은 자기보다 실력 좋은 초단들을 한두 명 빼고 못 들어오게 하지요.

5. 세상 돌아가는 이치

 바둑만 그런 게 아니고 세상의 모든 조직이 그렇지. 혈연, 학연, 지연으로 얽혀 있지. 그것도 안 되면 한 두어 달같이 연수받은 국방대학원 동기라 하면서 떼뭉쳐 다니지. 지금의 고소영 강부자 영포라인 선진연대등, 문공 장관인 유장관은 '대통령이 바뀌었으면 철학이 같은 단체장이 되어야 한다.'라고 억지 부리며 한나라당이 만든 법으로 인한 장들의 임기를 무시하고 자기 맘에 드는 장을 임명하여 한 단체에 두 명의 장이 날뛰는 이상한 나라가 되었지. 학부모들이 기를 쓰며 아들을 좋은 대학에 입학시키려 하는 게 바로 그거지. 아들의 진로를 아들의 적성이나 능력에 맞게 가게 하는 게 아니고, 좋은 학교에 넣어서 즉 인위적으로 좋은 학연을 만들어 아들을 출세시키려 하지. 하니 몸에 맞지 않는 옷 입은 것처럼 능력에 맞지 않으니, 아첨, 뇌물, 억지,

술수, 무능, 줄서기 등이 판치는 세상이 되고 말았지…. 그러나 우리는 간과한 것이 있지요. 일본 바둑의 명문들이 다 무너지고 인터넷이 바둑의 판도가 바뀌고, 2010년 7월에 프로가 아닌 17세의 고등학생이 한국 대만 천원전 우승자가 되고 말았지….

2010. 07. 15.
한기웅

고전과 세월
진정한 현대의 대가

1. 세월

　전능자이신 창조주 하나님의 입장에서 보면, 세월은 모두 다 같겠지요! 다시 말하면 시간은 우리들의 증조부 때나 우리 때나, 우리의 증손자 때가 모두 같겠지만 우리 입장에서 보면 세월은 많은 의미가 있지요. 우리의 먼 선조 때의 세월은 역사라고 하면서 역사소설의 재료나 역사 시험의 주제로나 쓰이지요. 하면서 우리에겐 그때가 그렇게 실감 나진 않으며 우리 후대의 세월은 미래라고 하면서 '깨끗한 지구를 후손에게'라면서 우리와는 멀게만 느껴지며 그저 아득한 우리와 상관없는 시간으로만 생각하게 된다지요. 세월은 우리에게 갖기 싫은 주름살과 먹기 싫은 나이 그리고 헌신문의 두께를 더하여주며, 또한 세월은 달력의 남은 장수를 얇게 우리 친구 수를 자꾸만 줄이며 우리의 남은 세월을 자꾸만 가져가지요. 해서 우리의 남은 세월이 자꾸만 적어지게 한다지요!

하면서 세월은 우리에게 많은 변화를 주지요. 여린 묘목을 장성한 재목으로, 장성한 재목을 고목으로, 귀엽기만 한 어린이를 힘이 넘치는 청년으로, 못할 것 없을 것 같은 굳센 청년을 고집 센 늙은이로 만들고 말지요. 또한 세월은 눈부신 과학의 발전이 있었지요. 목숨을 걸고 지동설을 주장한 갈릴레이의 지동설에서 만유인력, 질양 불변의 법칙에 상대성 이론에 이젠 블랙홀의 이론까지 발전했지요.

종합 예술이라고 일컫는 주거도 굴혈에서, 귀틀집, 목조의 가구식에서, 조적조, 철근콘크리트 라멘조에 초고층의 철골조까지 발전했으며, 의술에서도 허준의 동의보감에서 페니시린, 맹장 수술, 내시경수술에 레이저 수술까지 한없는 발전을 하였지요.

2. 알 수 없는 일

성경에는 세상에 알 수 없는 일이, 하늘을 나는 독수리의 자취와 반석 위의 뱀 지나간 자죽과 바다 위의 배 지나간 자죽과 음행한 여인의 음행한 연고라고 하였으나….

21세기인 지금도 알 수 없는 것이 있으니, 행세깨나 하는 한의사는 지금도 이조 때 사용하던 허준의 동의보감을 알아야만 유능한 한의사로 착각하고 TV에 나와서 동의보감을 씨부렁거리며 되게 잘난 척하고 있으니, 한의학이 발달 될 수가 없지[양방(양의사)은 히포크라테스의 선서만 가지고 잘난 척하지 않고 히포크라테스가 몰랐던 레이제로 수술을 하면서 줄기세포를 연구하는데…. 한의학에선 허준 선생님이 모르는 새로운 이론은 하나도 없고 전부 다 허준 선생님이 아는 것뿐이니? 한방이 발전할 수가 없지!], 유명한 한방 의사들은 새로운 한약을 연구하지 않고, 앵무새처럼 고리타분한 허준의 동의보감을 외어, 동의보감에 기를 보호한다는 돼지고기가 양기에 좋으니 술안주 해야 한다고 헛소리들을 하면서 되게 잘난 척하니 한방이 발전할 수가 없지….

3. 역사

우리나라 문인들은 고전인 장화홍련전 홍길동전 흥부전만 가지고 표현력이 어떻다느니 작가의 사상이 어쩌느니 시대의 사상이 어쩌느니 떠들기 전에, 그저 고전소설로 인정하고 후에 감자, 메밀꽃 필 무렵, 얄개전 등을 쓰고 뒤에 대지 장백산 등을 쓰니 소설이란 장르가 잘 발달 되었지요. 서양의학이 히포크라테스의 선서나, 페니실링, 천연두의 백신만 가지고 떠들기만 하였다면 지금의 레이저 수술, 줄기세포의 기적은 나타나지 않았겠지. 고전 의학은 그저 고전 의학으로 인정하고 열심히 연구하고 실험하여 현대의학을 만들 수 있었지. 한의학같이 동의보감 외우는 게 최고의 한의학자라 착각하면 한의학이 발전할 수가 없지….

4. 세월을 잡은 착각

　TV에서 보니 이름이 도와 달라던가(도올이라던가) 뭐라는, 내가 겉으로 보기에는 신사 같지 않은 친구가 나와 공자가 자기 친구인 것처럼 되게 거드럭거리며 잘난 척 하도만. 허나 보고 있던 방청객들은 공자가 살아 온 것처럼 되게 환호하더군! 허나 공자가 대가리가 두 개인 것도 아니고 눈이 네 개인 것도 아닌데 왜 그리 호들갑을 떠는지. 공자는 우리보다 생각이 깊고 많은 것을 아시는 건 부정할 수 없으나, 공자는 우리가 누리는 수세식 화장실, TV 시청, 세계의 소식(NEWS), 인터넷 등을 모르고 논어 등의 사상 철학을 썼으니, 우리가 해야 할 일은 공자를 맹종하는 것보다 아니 공자를 비하하지 말고 신세대의 철학자, 학자라면 공자는 고전으로 그냥 모셔 두고 공자보다 좀 더 나은 사상 철학을 만들어야 우리가 박수칠 수 있는 현대의 리더라고 할 수 있지요! 그냥 공자 이론 몇 개를 외어 잘난 척하면 원숭이와 뭐가 다를까?

고전은 고전으로, 다시 말하면 동의보감 몇 개 왼다고 한의사라고 거드럭거리지 말고 명심보감 논어 맹자 몇 구절 왼다고 대 철학자라고 착각하지 말고 고전은 고전으로, 고전을 바탕으로 새로운 학설이나 신기술을 만든 사람을 진정한 철학자 진정한 한의사로 대접하는 사회가 되면 우리나라는 무척이나 발전할끼고만!

5. 꿈에서 깨어나자!

연초에 정가에서는 대통령 이하 내로라하는 정치가들이 漢子(한자)의 사자성어를 내놓고 대단한 학자인 양 의기양양하게 떠드는 걸 보면…. TV에서 내로라하는 한방병원 의사가 나와 동의보감에 이런 처방이 있으니 틀림없는 이론이라고 강조하는 걸 보면…. TV에서 인기가 좀 있다는 철학 교수하다, 한의학 학생하다, 가수와 같이 최신 노래도 부른 정신 없어 보기가 거북한, 도와 달라던가 무어라 하는 장똘뱅이 같은 모교수는 공자가 자기 친구인 것처럼 되게 설쳐대며 공자의 고리타분한 논리로 대한민국이 세계 최고가 된다고 철학적 논리를 펴도만…. 인터넷이 세계를 커버하고 남아공의 월드컵이 실시간 우리의 안방에 중계되는 이때, 시대에 맞지 않는 사자성어 동의보감 공자의 이론 등이 우리를 지배하려 하니, 세계의 골드만삭스 등 헤지펀드

자본에 우리나라 부(증권)를 몽땅 외국인들에게 주고 말았지. 이제 우리도 고리타분한 이론은 그냥 고전으로 생각하고, 보다 새로운 이론으로 우리의 정체성과 우리의 부를 지키자고!

2010. 07. 16.
한기웅

탄생

1. 탄생

나는 일제에서 해방되기 몇 년 전인 1943년 11월 6일에 태어났지요, 나의 어머니는 항상 아들을 낳고 보니, 일하는 장정(머슴)들이 누런 벼 단들을 한 짐씩 가득 지고 집안으로 계속해서 들어 왔다고 항상 침이 마르도록 나의 탄생을 자랑하셨지….

나는 日帝時代(일제시대)에 전라북도 완주군 助村面(조촌면: 전주 인터체인지, 월드컵 경기장 부근) 면장을 하신 할아버지 밑에, 일본 동경에서 경상대학을 졸업하신 아버지와(할아버진, 아버지가 동경에서 방학에 집에 오실 땐 일본인인 군수 영감님이 직접 기차역까지 마중 나갔었다고 항상 침이 마르도록 자랑하셨지만….) 해방 후 전주사범학교 사친 회장을 오래 하셨고(해서 나의 三寸(삼촌) 중 4명이 모두 다 초등학교 교사였지) 전주 향교의 전교도 하신 나의 할아버지와 전주에서 그렇게 오래 사셨어도 경상도 말투를 고치지 못

하신, 일본에서 대학교를 다니시다 중퇴하셨다는 외할아버지, 전주에 오셔서 건어물 거간을 하시면서 큰돈을 버셔서, 돈 푸대와 명태 대가리 푸대를 구분하지 못했고, 6.25 사변 땐 돈으로 이불을 만들었다고도 하고 나의 친할아버지 제1대 국회의원 출마 시, 그 많은 선거자금을 다 대셨다는 외할아버지, 돈 관리를 잘 못 하셔서 말년에는 집세 받아 겨우 사셨던 외할아버지… 밑에, 여고를 나온 신여성 그때도 돈이라면 선생님들이 사족을 못 쑤었나 일본으로 여행 가서 우리 어머니를 선생님들이 특별 관리했다는 콧대 높은 우리 어머니 사이에서 장남으로 태어났지.

식민지 시대에서 건국 초기 혼돈의 시기에 대학을 나오신 우리 아버지 조금만 요령이 있으셨다면, 높은 지위나 많은 돈을 모으실 수 있었을 텐데. 그저 마음만 좋으신 우리 아버지, 닭이나 키우시다 6.25 후 군대 가라는 것이 부담스러워 교편을 잡은 게 일생의 직장이 되었지. 지금 2010년 6월경에 신문에 난 기사를 보면 교육장이나 교장, 교감이 되려면 교육감에게 몇천만 원의 로비를 해야 한다는 사실은 그때 아버지는 인정하기 싫어하셨지. 그런 로비도 못하신 우리 아버진 자기보다 못한 사람들이 교장 교감할 때, 총명한 두뇌로 남의 일이나 명쾌한 논조로 비판이나 하시며 그 말에 동감이 간다는 비주류의 선생님들의 대장이 되셨지. 다시 말하면 아버님은 아첨이나 로비력이 전혀 없으셔서, 자기가 직접 나서서 교감이나 교장 등 무슨 일은 못 하시고, 남들이 하는 일만 명석한 논조로 비평하시며, 아첨 못 하는 선생님들이나 학교의 문제아(깡패)들과 집에서 소주나 드시며, 세월을 보내시다 말년에는 많은 아들의 효도도 받지 못하고, 쓸쓸히 지내신 우리 아버지….

2. 요령은 없어도 수학은 잘한 나

우리 아버진 내가 중학교 때부터 우리 기웅이 초등학교 선생님이 "수학에 천재적인 재질이 있다."라고 말씀했다며 되게 자랑하셨지. 하기야 지금도 고등학교 수학책(용어가 많이 바뀌었도만.) 보니 한 70%는 풀 수 있겠더라고…. 난 수학의 공식을 외어서 문제를 푸는 게 아니라, 공식은 필요할 때 잠깐잠깐 만들어 쓰는 스타일이라 지금 60이 넘은 상태에도 고등학교 수학을 푼다고 헛소리를 하지. 고등학교 졸업 후 서울대학에 떨어져 전북대 수학과에 한 학기 다닐 때, 한 번은 전북대 수학과 1학년 1학기에 연세대 수학과를 나오신 강사님이 수학 공식대로 풀지 않고 지 맘대로 푼 내 시험지에 'Why You Curning?'이라고 빨간 글씨로 대문짝만하게…. 약이 올라 다음 시간에 '$\sin x + x = y$'라는 방정식을 푸는데 붙은 거라, $\sin x$가 성립되려면 x는 각도여야 하며, x가 각도이면 sin x는 상수이므로 즉 sin x 항은 상수 + x 항은 각도이므로 단위가 틀려 더할 수가 없으므로 함수 'y = sin x + x'는 성립하지 않는다는 내 억지에 강사님은 대답을 못하고 얼굴이 빨개지며 문제만 계속해서 푸시는 거라 해서 내가 강의실의 모든 사람이 다 듣게 큰소리로 "그것도 모르면서 나보고 컨닝했다고…." 이 문제는 x는 상수이며 sin x(rad)에서 radian이 생략된 걸, 난 알고 강사님은 모른 거지…. 여하튼 고등학교 다닐 때 나하고 같은 반 한 친구들은 나에게 수학 문제 한두 문제 안 물어본 친구가 없을 기고만….

나이가 40~50대 때쯤 인가 고등학교 때 같은 반 한 번도 되지 않은 친구를 만나 인사하니 대뜸 한다는 말이 "너 수학 잘하는 놈 아녀?" 해서 "무슨 소리를 하는겨."하고 말하니 옆에 있던 친한 친구가 덧붙이길 "넌 잘 모를 테지만 옛날에 고등학교 수학 선생님이 중간고사 후 내가 가르쳐 준 대로 푼 사람은 다 틀렸고 지 맘대로 푼 한기웅이만 맞았다."라고, 모든 반(한 학년이 8반) 다니시면서 말씀하셔서 너 수학 잘하는 거 모르는 놈은 전주고등학교 안 나온 놈이여…."

3. 요령 없는 맹꽁이

가. 고3 때 내 책상을 빼앗고, 지금은 모른 척하는 친구(K씨)

고등학교 3학년 9~10월경으로 생각되나, 여하튼 김이 맛이 올라 김 맛이 아주 좋을 때로 기억하는데, 서울대 약대를 졸업한 친구가 "기웅아 내가 수학 실력이 부족하니 같이 공부 좀 하자." 아무 생각 없이 "그러자." 하여 그 친구가 우리 집에 왔지. 때는 잘 기억이 안 나나(걔네 식모가 그 친구의 밥값으로 쌀 한 말인가 두말을 서너 번이고 온 것으로 기억하며 처음엔 쌀만 가져왔다. 우리 집 반찬이 너무 없으니, 다음엔 김과 같이 쌀을 가져왔고, 그 김이 모자라 네 번째는 김을 많이 가져와 그 친구 돌아간 뒤에도 그 김을 계속 먹은 기억이 어렴풋이 남), 그 친구는 우리 집에서 약 두세 달 정도 머물며 공부한 걸로 기억나며…. 여하튼 고3 때 가을은 대단히 중요한 시기라고 모든 사람이 말하는 때에, 그 친구는 우리 집에 와서 반찬 없는 밥 먹느라고 고생했겠으나, 하나밖에 없는 책상을 차지하고 공부하다 수학 문제가 복잡하면 한기웅에게 물어보면 확실히 알 수 있도록 설명해 주니, 실력이 하루하루 늘 수밖에 없지. 하나밖에 없는 책상을 친구가 차지해 버렸으니 책상 내놓으라고도 야무지게 말도 못 하는 한기웅이야 잠만 잘 수밖에…. 허기야 공부하기 싫어 핑계만 찾던 기웅인 신나게 잠만 잘 밖에….

내가 지금도 알 수 없는 건, 중요한 시기에 나의 시간을 빼앗은 거나, 나에게 개인 교습료 안 낸 거나, 나의 책상을 빼앗은 게 아니라[해서 그는 219점, 나는 221점(내 점수는 222점인데 수학 문제 하나가 답이 이상하여 1점 감점됨) 맞았으나 나는 서울공대 전자공학과 떨어지고 그는 서울대 약대에 입학했지], 지가 사람이면 지금이라도 만나면 그때의 얘기를 하고 그때의 추억을 되살릴 줄 알았으나 그는 그 얘기는 전혀 하지 않고, 그 얘기는 쪽팔리는 것처럼…. 그렇게 추억의 고등학교 시절을 접고 그는 서울대 약대에 나는 인하 공대 건축과에 들어가 몇 년이 흐른 뒤…. 아니 지금도 만나면….

언젠가 군대 갔다 와서 그 친구를 만났지. 그 친구는 결혼을 했더구만…. 나는 무척이나 반갑고 너무나 감격스러워서 아주 다정하게 아는 척을 했는데, 그 친구는 시큰둥하였지. 나를 다른 친구보다 더 서먹서먹하게 대하더라구, 아주 이상했지만 그냥 그렇게, 몇 번 더 만났는데도 다른 친구보다 나를 더 멀리하여 그냥 그러나 보다 생각하며 지나갔지. 그 후 40~50대에 내가 좀 사업이 잘 풀려 여러 친구를 초대하여 식사와 소주를 여러 번 대접하며 그 친구도 같이 초청하여 소주 먹으며 여러 얘기들을 하였지. 친구들은 술 먹으면 고등학교 시절 하숙집 얘기, 선생님 얘기, 공부한 얘기들을 자랑스럽게 얘기하나 그 친구는 나와 같이 우리 집에서 수학 문제 풀며 같이 산 한 두서너 달이 얘기는 전혀 하지를 않아 나도 그 일이 있었다고 생각하기가 힘든 상태가 되고 말았지만!

한참 뒤 사업이 시원치 않아 친구들과 내가 돈 내서 소주를 못 하게 되니 소주를 댓 번 얻어먹은 친구들은 한두 번 소주를 사거나, 어느 기회에 소주를 같이 먹게 될 때는 다정하게 술도 권하고 친한 척을 해오지. 그런데 그 친구는 소주를 나한테 수십 번 얻어먹었으니 소주 한번 산다는 얘기를 해도 손해는 아닐 테지만, 아니면 친한 척하면서 소주를 권하는 게 아니라, 한다는 소리가 "기웅아, 요즈음은 왜 술 먹을 때 나 안 부르냐? 소주 먹을 때는 꼭 좀 불러주라!" 그 친구는 나를 친구로 생각하는 게 아니라, 자기가 수학 문제 못 풀면 공짜로 풀어주고, 공부하고 싶으면 책상을 빼앗고, 술 먹고 싶으면 술 받아주는 하인 정도로 생각하는 것만 같아 어찌 떨떠름하고만….

(진짜 친구로 생각하면 그렇게 할 수 있을까? 진짜 사람이라면 말이라도 한번 다정하게 해야 그게 인간이지!)

나. 친구가 같이 교수님 찾아가면 효과가 없으니 자기만 찾아간 친구(K씨)
나는 공부하기를 되게 싫어했지만 학교에서 선생님한테 수업 들을 때는 잡생각 안 하고 무척이나 열심히 들어서 이해를 아주 잘했지. 해서 집에 가서 따로 공부는 안 했지만 학교 성적은 그런대로 따라갈 수 있었지. 하지만 외는 과목은 따로 하지 않으니 성적이 나쁘고, 영어 과외 학원 가면서 수학과 기하는 문제만 대여섯 개 보고 메모하여 길거리 다니며 푸니 따로 앉아서 공부 안 해도 수학 성적은 그런대로 잘 나왔으나…. 내가 고등학교 졸업 시는 박○○가 정권을 잡아 처음 국가고시를 보았지. 그때는 대학교 학생 숫자만큼만 수능 학생 수를 합격시켰으니 2~3류 대학은 2차 3차 학생을 모집해도 재수하는 학생만큼은 항상 미달이었지.

나는 제1회 국가 고사에서 222점을 받았지. 나중에 수학에서 한 문제가 오답 처리되어 221점을 받았지. 그때 서울공대 화공과 커트 라인이 231점, 서울의대 의예과도 아마 230점이었고 서울 약대는 218점으로 전자공학과는 227점으로 기억 하나, 그때 전자공학과는 서울 공대밖에 없어서 나는 대학에 떨어졌지. 합격자 수와 대학 정원을 같이 했으니 재수하는 사람을 빼면 2~3류 대학이 정원 미달일 게 뻔해서 문교부에서 일정 점수 이상인 학생을 2차로 합격시키며, 자기가 지원한 과 아니라도 입학할 수 있게 했지. 나도 전북대학교 수학과에 지원했더니, 접수하는 직원 왈 "220점짜리가 다 수학과에 왔네!" 하면서 되게 놀라도만….

고3 때도 죽어라고 공부 안 한 내가 재수한다고 공부할 이가 없으니 재수한 후에는 서울공대 들어갈 꿈도 못 꾸고 서울대 수학과에 지원하였으나 보기 좋게 낙방하여 인하 공대 건축과에 입학하고 말았지. 대학 2년을 마치고 해군에 입대하여 제대 무렵에 이북의 특공대 김신조 일당이 청와대 습격 사건이 발생하여 제대가 3개월 미루어지는 바람에 4년 만에 복학하였지. 입학 동기는 이○○ 한○○ 그리고 나였는데, 초급대학에서 올라온 얼굴도 잘 모르는 K씨가 전주고등학교 나와 동창이라 하여, 이○○는 우리와 어울리지 않고, 한○○, 나 그리고 K씨가 맨날 붙어 다녔지. 2년 동안이나 붙어 다녔으니 난 K씨가 우리와 되게 친한 친구인 것으로 생각하였지….

졸업에 임박하여 취직 문제도 있고 하여, K씨가 정교나 세 명이 돈 2만 원씩 모아 주임교수 이○○ 교수를 찾아가기로 하여 집에서 돈 올 날만 기다리는데, 갑자기 K씨가 교수 찾아갈 필요가 있겠느냐고 하면서 전혀 부정적으로 얘기하였지. 우린 또 진심인 줄 알고, 교수 찾아가려고 나와 정교가 모아둔 돈으로 세 놈이 막걸리 먹고 말았는데, 몇 년 후 K씨가 술 먹으면서 한다는 얘기가 자기 아버지(그때 중학교 선생님이었음) 얘기가 '같이 찾아가면 무슨 효과가 있겠냐며 혼자 찾아가라'하여 세 돈짜리 금반지 하나 사 들고 혼자 찾아간다 했지. 결과적으로 K씨 혼자만 한일개발에 취직이 되고 나와 정교는 백수가 되고 말았지…. 하여튼 친구는 별놈이 다 있고, 믿을 놈이 하나도 없지….

다. 친구가 잘해주면 그 친구는 자기 밥인 줄 착각하는 얼간이(C씨)

　내 마누라의 말마따나 한기웅의 친구는 한기웅이가 살만하면 개떼같이 모여들고, 한기웅이가 좀 안되어 친구가 필요할 땐 태풍 앞에 왕겨처럼 친구는 다 어데로 없어진다나…. K씨한테 속아 몇 년 놀다 결혼 후 한일개발, 미륭건설에 취직하여 타의 추종을 불허하는 실적으로 승승장구하다[미륭건설에서 사우디 킹스오피스 시공 시 지하에 써야 하는 시멘트 TYPE5 대신 TYPE1 사용한 한기웅(20% 경비 절감) 사우디에서 3년 근무해야 하나 휴가 후 사표 낸 후 2~3개월 집에서 놀다, 본사에서 부르면 못 이기는 체 하며 본사에 근무하며 미륭건설의 사우디 모든 현장의 시공 공정관리는 거의 다 내가 함], 허나 타협하지 못하여 진급하지 못하고, 퇴직하여 한 7년인가? 되게 고생하다 건축사에 합격하여 좀 살만하니 대령을 달고 나타난 C씨, 나는 무척이나 반갑고 순수하여 절대로 계산적으로 접근하지 않았지.

　C씨가 말하길 자기 마누라가 참모총장 마누라한테 한 수 배웠는데, 인삼갑에 만 원짜리 지폐 이천만 원이 들어가니 인삼갑을 하나쯤 주어야 별을 달 수 있다는데(제독 진급), 자기와 라이벌인 광주 사는 친

구는 아버지가 레미콘공장 사장이라 돈에는 구애받지 않으니 자기만 문제라 하면서, 나보고 친구들한테 좀 부탁하여 이천만 원만 걷어 주라고 부탁 아닌 강권을 하여 나는 아무 생각 안 하고 순수하게 받아들였지. 처음엔 몇 명이 모여 술 먹으며 얘기하면 300만 원, 100만 원, 50만 원 내는 사람이 많았지. 물론 술값 30~40만 원은 내가 냈지. 물론 한 놈도 안내는 모임도 있었고 한 놈만 내는 모임도 있었지. 가만히 생각해보니 한 놈한테 50만 원 걷으려 내 돈 20~40만 원 들어가니 한심하도만. 여하튼 그렇게 하여 1800만 원을 걷어 내 통장으로 도장과 같이 C씨에게 주었지….

그 후 술 먹다 내가 건축사 자랑하다 우린 도장 한번 찍으면 오천만 원이 바로 대출된다고 허풍을 떠니, 약은 C씨, 틀림없는 일이 있으니 바로 오천만 원만 투자하라고 집요하게 물고 늘어지더군. 집에 와서 마누라에게 얘기하니 펄쩍 뛰며 돈 뗀다고 주면 안 된다고 강력하게 얘기하는 마누라. 나는 한번 약속 했으니 떼어도 줄 수밖에 없다고…. 그 후 C씨는 끈질기게 내 사무실로 전화해대더군. 난 할 수 없이 오천만 원 뺏기고 말았지…. 뒤에 처음엔 C씨는 P씨에게 내 돈 갚는다고 흘리다 몇 년이 지난 후 아마 법적인 시효기간이 지난 후일 것이라 생각하는 때에, 언제부터는 P씨(우리 모임에서 C씨 마누라와 얘기한 적이 없음)는 말을 바꾸어 C씨 마누라가 얘기하길 내가(기웅) 투자 한 거니 자기(C씨)에게는 책임이 없다니! 사람 같으면 그리할 수 있을까?

몇 년 후 들으니 C씨는 자기 버릇은 남 못 주고, 나한테 한 것 같이, 해군사관학교 선후배한테 몇억 투자받아 떼어먹고(나 같이 돈 떼어먹어도 가만히 있을 바보가 없으니) 선후배들이 돈 내라고 볶아대는 해사 선후배의 얼굴이 보기 어려워, 해사 동기회 모임에 얼굴도 못 내밀고, 하면서 약아서 집문서는 마누라 앞으로 하여, 해군 사관학교 동문들로부터 고소당하여 동산이 차압되어 법원 동산 경매 되었다도만….

라. 친구에게 최소한의 예의도 갖추지 못한 저만 잘난 친구(L씨)

1962년에 우린 고등학교를 졸업했고, 민간에게 정권을 돌려준다고 큰소리쳤던 전 대통령 P씨는 대학의 학생 수와 같게 대학 입학생을 국가고시로 선발하였지요. 일류 대학에 가지 못한 조금 점수가 모자라는 학생들이 재수를 하니 이류 삼류 대학은 입학생이 없어 아우성이었지요! 그때 인천에 있는 인하대학은 일류대학이 아니었으니 학생이 모자라 2~4차까지 학생을 모집하였지요. 공부는 죽어라 하지 않은 난 일류대학 기웃거리다 뾰도시 인하대학 건축과에 들어가게 되었지요. 낯설고 물설고 아무도 알지 못한 인천에서 정신 차려 보니 전주고등학교 나온 친구들이 전기과 C씨, L씨 화공과 이춘광 건축과 한기웅(1년 늦게 초대에서 올라온 건축과 K씨도 있었지)이라 고등학교 때는 친하지 않았어도 갈 데가 없으니 서로 교제하며, 전주 가서도 같이 어울렸지….

내가 놀 때는 서로들 소식이 없다. 내가 설계사무소를 할 때 소식을 들어 보니 L씨는 한국전자 그만두고 놀고 K씨는 부장 안 시켜 줬다고 한일개발 그만두고 논다고 하여, 인하대 나온 친구들(L씨, C씨, K씨, L씨) 불러 서너 번 사당동에서 소주 거하게 샀지. 그때 의부증이 심했던 K씨의 마누라가 자기 남편이 뭐 했나 의심하다, 우리 사무실까지 찾아와서 확인하다 내가 잘해주니 침이 마르도록 칭찬하며, 꼭 한번 자기가 소주 한번 거하게 산다고 네다섯 번이나 침이 마르도록 약속하더군. 물론 지키지는 안 했으나….

또 서로들 사느라고 잊고 지내다, 내가 초목회 회장 할 때 L씨는 누군가가 추천하여 초목회에 들어 왔지. 고등학교 동창들 중 초목회와 한솔회가 있었는데, 한솔회에서 퇴출된 친구가 둘 있는데, E씨와 L씨이라. E씨는 쌈닭같이 이놈 저놈하고 싸워서 퇴출시켰고, L싸는 참석도 안 하고 회비도 안 내서 퇴출시켰다는 얘기를 듣고, L씨는 익산에 있는 광전자 사장이니 모임이 있는 금요일에 나오기가 어렵지. 그런다고 모임을 월요일에 하면 다른 회원이 이상하게 생각할 테지만, 그러나 나는 L씨를 위하여 다른 회원의 이상한 눈치들을 모른 척 했지. L씨는 회비도 한 번도 안 냈고, 일 년에 한두 번 하는 월요일 모임에 기업 카드로 저녁 식대만 계산했으나, 나는 그걸 회비 대납으로 처리했지….

언젠가 L씨한테 전화가 와서 광전자 공장 증축을 두건 했지. 허나 어찌 설계 변경을 하고 계획을 너무 자주 바꾸어 정신이 없었지. 공장 바닥에 기계 1톤 자리 세운다 했다가 3톤짜리로 아니 조금 있다 10톤 기계로 바꾸고 정신이 없었지. 나도 책임지기 싫어서 설계를 바꿀 때는 직 바로 구조기술사에게 구조변경하게 했지. 허나 건축이 끝나면 인사로 처음엔 100만 원 다음엔 300만 원 L씨에게 주었지. 몇 년 있다가 L씨에게 전화가 왔는데 광전자 기숙사 감리하라 하여(설계는 건축사가 아닌 친구 S씨는 내가 받은 설계비의 3배 정도로 무척이나 비싸게 설계 했도만) 무척이나 고맙게 생각하며 익산에 가서 담당자 총무부장 김상곤 만나고 감리하기로 했지. 다음날 서울에 와서 감리 계획을 세우고 있는데, 총무부장 김상곤에게 전화가 왔지. 이번 감리는 설계한 S씨가 하기로 사장님께서 허가가 났으니 이다음에 같이 일하자는 감리 거절의 전화를 받고 억척이 무너지는 것 같도만.(S씨가 총무부장에게 로비한 것 같음) 총무부장 얘기가 너무 단호하여 L씨에게 직접 전화하기 힘들어 L씨더러 얘기 좀 해주라 하니 한칼에 거절하도만. C씨는 얘기했다고 하고. 너무 약이 올라 밤에 집으로 전화하니 L씨 하는 말 "너 왜 감리 안 한다고 했냐?" 하면서 호통을 치는 거라 해서 그게 아니고 "할 수 있으면 감리 나에게 주라" 얘기하니 꿀 먹은 벙어리라…. '된다, 안 된다' 한마디의 결론도 내리지 않고 그냥 미적거리며 끝내 버리도만. '된다, 안 된다' 한마디만 했어도 내가 이렇게 약 오르지 않지!

내가 감리를 주라 것도 아니고, 지가 쥰다고 했으면 주던지, 안 되면 지가 직접 얘기해야지. 저는 감리 준다고 생색만 내고, 바로 뒤에 부하직원 시켜 감리하지 말라 하고, 그 뒤는 나 몰라라 하니 이는 약 올리는 것도 아니고 뭔지? 저 잘난 척만 하고 친구는 어찌 되든 몰라라 한다는 얘기니 세상에 개 같은 친구가 하나 더 늘어난 거지!

2010년 7월 27일

병원

언젠가 병원에 검사하러 가서 기다리다가, 엉뚱한 생각을 하게 됐지요. 저 많은 링거를 꽂고 다니는 환자나 휠체어에 몸을 맡긴 환자들이 만약 100년 전에만 태어났어도, 발달 되지 못한 의료기술 때문에 80~90%가 죽었을 거라는 엉뚱한 생각을 하니, 갑자기 병원의 환자들이 모두 다 죽은 자들처럼 보이며, 해골이 걸어 다니는 마치 죽은 자들의 공간으로 보이기 시작하며, 온몸에 소름이 끼치더라구!

하면서 성경 말씀이 생각나더군. 해골 골짜기에서 예수님이 생기를 불어넣으니, 뼈들이 생명력을 얻어 춤추며 돌아다닌다구. 여기서 헷갈리기 시작하는 거여, 성경 말씀도 그렇고, 병원의 환자들도 조금 늦게 태어나 생명이 붙어 있는 거지. 조금만 빨리 태어났더라면 모두 죽은 송장들이니…. 다시 말하면 모든 자들이 자기 맘대로 산 거라 할 수 없으니…. 해서 우리들의 삶과 죽음의 구별이 모호해져 버리도만….

하면서 우리의 愛憎(애증)과 좀 더 잘살기 위해 버둥거림과 상대방을 깔아뭉개야 자기가 좀 더 위대해진다는 착각들에 의하여 서로를 헐뜯고 쌈박질하는 게 그저 허무하게만 느껴지면서…. 그래서 예수님은 2000년 전에 말씀하시기를 "네 원수가 네게 용서를 구하거든 일흔 번씩 일곱 번이라도 용서해 주라"고 말씀하셨나 보구려! 이 짧은 세상에 아귀다툼하는 것이 별것이 아님을 아셨으니 그리 말씀 하셨겠지. 삶과 죽음도 생각하기에 따라서 백지 한 장의 차이인데, 좀 더 잘살기 위해 좀 더 잘났다고 발버둥 치는 인생들이 너무나 가여우셨겠지?

도와 달라던가 도올인가 하는 위대한 철학자가 구약성경이 성황당 얘기라고 한마디 하니 종교계에서 난리가 났더군! 하지만 도올을 유명하게 만든 건 바로 공자의 얘기가 아닌가? 그 공자는 바로 성황당 이전의 사람이 아닌가?(우리 친구 양방웅이가 쓴 초간노자를 보면 조금은 짐작이 가지.) 종이도 없어 대쪽에(무덤에서 나온) 글을 남겼다고 하나 그것이 정확한 책으로는 하나도 전해 내려오지 않는 허망한 공자님의 말씀은 하늘 같이 믿으면서, 양피지에 정확히 기록된 구약성경은 황당한 성황당 얘기라고 떠드니 도대체 알 수가 없지. 두 가지 모두 다 사실이지. 즉 공자님 말씀은 옛날에 유명한 학자들이 굳게 믿고 후학을 가르쳤으며 구약성경도 성직자들이 굳게 믿고 교회에서 성도들에게 설교하였지.

 자기 논리는 정확한 근거도 없이 구전으로 내려오는 것을 진리로 굳게 믿고, 확실히 양피지 책으로 내려오는 구약성경은 가짜라니…. 못난 사람의 전형적인 행태인, 구약성경을 깔아뭉개야만 자기가 위대해질 거라는 허망한 착각에 빠졌으니….

 요즈음 교육계의 화두가 삼불정책의 철회라면서 본고사 부활이요, 고교등급제의 부활이요, 기여 입학제의 승인이라니…. 선생이나 교수는 원래 학생을 가르치는 것이 주 임무가 아닌가? 가르친다는 것은, 우등생이나 똑똑한 놈 데려다가 졸업장 주는 것이 아니라 공부 못하고 말썽꾼 데려다가 졸업장 주는 것이 아니라, 공부 못하는 말썽꾼 데려다가 사람 만들어 사회에 보내는 것이 진짜 교육 아닌지?

 교수들의 주장대로 학생 능력을 입학 100 졸업에 120으로 향상해야 경쟁력이 있다면, 평준화로 90짜리 입학시켜 졸업 시 120을 못 만드니 경쟁력이 없다면, 기여 입학으로 80점짜리 입학시켜 120을 못 만든다는 얘기지. 이는 능력 없는 졸업생을 돈 때문에 학교에서 양산하는 꼴이니 이는 학교가 아니라 졸업장 팔아먹는 사기꾼 밖에 아무것도 아니라는 얘기니, 다시 말하면 3불 정책은 자기모순에 빠지고 만다는 거지….

　해서 삶과 죽음도, 구약성경이나 성황당도, 삼불정책도 우리가 한 발 물러서서 보면 아무것도 아니지. 하니 우리 너무 잘난 체하며 서로 악쓰지 말고, 서로를 위해주며 여생을 즐겼으면 하는데 X 사장님께서는 어찌 생각하시는지….

2007년 3월 27일

노망

오늘이 벌서 2010년 8월 30일입니다. 내가 맨날 주장하는 바이나, 세상의 철밥통은 없애야 마땅하지. 교수의 정년이 65세이니 새로운 학문의 연구는 안 하고 밥통만 지키고 새로운 학문을 하려는 후진의 길을 막으니 학문이 발달하지 못하고 논문 이중 계제다 뭐다 하면서 헤매고 있지. 목사나 승려 등 성직자들이 한 교회 절 등에서 5년 이상 근무하면 이는 성직자에서 사업가로 변신하여, 권력욕에 더하여 돈맛을 안 성직자들은 추한 장사꾼으로 변하고 말지!

세상에 많이 알려진 연세대의 K 교수는 자기 홈페이지에….

'삶도 죽음도 역사의 한 페이지가 아니냐?'며 독수리 바위에서 몸을 날리신 전 N 대통령을 슬퍼하며 절규하는 전 K 대통령에게 너도 가서 자살하라고…. 장기 집권한 점잖은 교수처럼 악담한 김 교수가 정상적인 사람일까? 평범한 사람이라도 남에게 '죽어라'하는 모진 소리는 할 수가 없지 만일 그런 소리를 한다면 그 사람은 완전히 미친 개새끼지, 사람이 아니지. 이는 모두 다 철밥통 때문에, 아무렇게나 말해도 밥통 떨어질 일 없고 몇십 년 같은 자리에 아무 거리낌 없이 앉아 있을 수 있었으니…. 진짜로 교수라면 자기가 가르친 학생이 자기보다 더 실력이 좋게 가르쳐서 자기가 섰던 교수 자리에 서서 다른 후학을 가르쳐야지. 자기가 끝까지 그 자리를 지킨다면, 실력이 없어 제자를 자기보다 못하게 잘못 가르친 엉터리 교수니 그만두어야 하는데, 끝까지 자리를 지키며 거만하게 자기가 최고라고 착각하기 때문이지….

나는 여의도 순복음 교회를 한 30년 전에, 한 10여 년 다녔고 내 마누라는 강남교회 청평 기도원(최○○ 목사 아드님이 하는 교회)에 가서 조○○ 목사의 장모인 최○○ 목사에게서 안수기도 받으며 많은 위로를 받아서 나도 조○○ 목사님의 설교를 매우 좋아했지…. 전 대통령 L 씨가 이○○이 대통령이 된 후 소고기 촛불 파동 후 청와대에 들어간 원로 목사 중 조○○ 목사 왈 "잘못은 전직 대통령이 다해 놓고 전 대통령 L씨는 설거지하다 이 곤욕을 치르신다."라며 말도 아닌 소리를 하도만. 2010년 8월 29일경 설교에는 '미국산 소고기 먹어 광우병 걸린 사람이 있냐? 왜 그리 소란을 피웠느냐?'라고 초등학생도 하지 않을 억지를 부리는 걸 보니…. 조 목사 논리대로 라면 미국산 소고기 먹는 미국 사람은(한국인의 열 배 이상의 인구인) 한 천명쯤 광우병 걸

려야 되고, 만일 우리나라 사람이 걸려야 한다면 광우병 잠복기가 3개월 이내야 하지…. 우린 광우병 걸릴 가능성을 없애기 위해 그렇게 데모한겨.

어제 남서울교회 주일 설교에서 선교사 18년 했다는 남서울교회 7번째 장로였으며 지금 미국에서 선교사 한다는 선교사 왈 전직 미국 대통령이 산책하시는데 젊은이가 묻기를 "어찌 지내십니까?", "우리 집의 지붕은 날아가고, 벽은 금이 가고 기둥은 기울어져 받쳐 놓고 있지만 더 좋고 넓은 집으로 이사 가려고 준비 중이지(머리는 빠지고 얼굴은 주름투성이에 지팡이 짚고 다니지만, 천국 가려고 준비 중….)."라고 하면서 믿는 자의 영원한 고향인 천국 가려고 마음의 준비 중이란 얘기며, 우리나라 전직 대통령은 독수리 바위에서…. 미국 대통령은 안 그런데, 왜 우리나라 대통령은 왜 이렇게 비참하냐? 바로 하나님을 믿지 않기 때문이다! 그 말을 한 선교사는 바로 뭣도 모르고 탱자탱자 하는 얼간이다 이거지.

우리나라 전직 대통령이 독수리 바위에서 뛰어 내린 것은 장로라는 현직 대통령이 전직 대통령의 자기 일지를 봉화마을에서 검색한다고 하니 그렇게는 못 한다고 하면서, 전직 대통령이 억지를 부리면 전직 대통령 때의 전직 청와대 관리를 구속하겠다고 공갈치고, 전직 영부인이 선물로 받은 시계(논두렁 시계라고 엉터리 사실을 만들어내서 전직 대통령을 아주 코너로 몰아넣었지)가 포괄적 뇌물이라는 말도 안 되는 소리를 해대며 전직 대통령을 구속하려고 생난리를 치니 할 수 없이 독수리 바위로 간 거지…. 즉 촛불 정국 피하려고 전직 대통령을 감방에 못 잡아넣어 환장한 장로 대통령의 말도 안 되는 피의 사실 공포, 말도 안 되는 억지 누명에 비명횡사하신 불쌍한 전 N 대통령을 그렇게 비하하는 게 하나님 믿는 자의 자랑처럼 떠드는 선교사는 바로, 진짜로 뭣도 모르는 것들이 거시기 보고 탱자탱자 개지랄하는 꼴들이지….

해서 철밥통이나 성직자들의 장기 집권은 돈과 권력에 오염되어 본질을 흐리게 하고 말지. 해서 예수님 없는 교회가 되고 말지. 예수님같이 공생애를 쌈박하게 3년만 해야 긴장감도 있고 새로운 활력소가 많아 나태해지지를 않고 생기가 항상 존재하지! 성경에서 보면 예수님의 진짜 제자들인 사도들은 한 교회에서 10년~20년 목회하여 우리나라같이 담임 목사가 떵떵거리며 대통령하고 의견을 나누는 재벌 목사 정치 목사가 되지는 않고 거기에 더하기를 우리나라 성직자 중 일부는 자기 돈 아닌 코 묻은 돈 헌금 받아 자기 이름으로 예비군 등에 기부하여 신문에 자기 이름을 대문짝만하게 대서특필 되는 한심한 성직자들을 보면 역겹지만…. 다시 말하면 예수님의 진짜 제자들인 사도들은 한 교회에서 2~3년 목회하며 성령님의 말씀 전하기에 바빴지…. 우리나라의 10년~20년 장기 집권, 아니 교회가 무슨 기업인 양, 대를 물려 목회를 하는 잘 나가는 재벌 목사, 정치 목사, 데모 목사들처럼 생뚱맞은 소리는 안 했지! 한마디 덧붙이면 예수님의 수제자이며 능력이 많은 베드로는 헌금으로 먹고산 게 아니고 직업인 장막 만드는 일을 하며 연명하였다고 성경은 말하지. 목사들은 그런 말 전혀 안 하지만….

해서 5년 이상 하는 성직자(목사 중) 등은 종교시설이 아니라, 상업시설로 분류해야 하며 교수는 5년 이하로 정년을 정해야 하지. 배우도 TV 등에서 겹치기 출연은 금해야 하며, 돌아가신 대통령도 장로 대통령이 억지 부리지 않았다면 미국 대통령에게 한 것처럼 젊은이가 전 N 대통령을 보고 뭐 하시냐고 물었으면 '무공해 오리 농사짓는다'라고 자전거 뒤에 손녀 태우고 비틀비틀 운전하며 걸걸한 농담을 하셨을 텐데….

2010. 08. 30.

인사

우리는 많은 사람과 인사를 하면서 지내 왔지요! 한두 살 때는 멋도 모르고 아빠 엄마에게, 초등학교 시절엔 친구들과 담임선생님에게, 그 뒤엔 우리와 관계된 그 많은 사람과 인사를 하며 지내지요. 요즈음은 새벽에 산에 가면서 경비 아저씨에게, 산에서 만나는 누군가도 모르는 사람들에게, 낮엔 동네 아는 사람과도 하고 복덕방 주인인 중계사사무소 사장님과 간이 우체국 국장님과도 인사를 나누지요!

우리가 인사를 하는 게 상대방의 안부나 안위를 묻거나, 상대방에게 존경심이 우러나 하는 게 아니라, 그저 멀뚱멀뚱 지나기가 쑥스러워 한마디 하는 것인데…. 그래도 내가 인사를 하는데 상대방이 대꾸를 안 하거나 "안녕하십니까?"라고 인사하면 자기 아랫사람한테 문안인사받는 것처럼 "네-에"라고 거만하게 인사받는(특히 경비 아저씨나 간이 무엇무엇 등 좀 모자라는 사람일수록 그런 사람이 더 많지) 사람들이 간혹 있어, 우리를 황당하게 만들지요. 하면서 '되게 무식한 놈이구나 재수 없다!'라고 생각하지요.

　제 애비 애미와 맞담배질과 술도 맞대작 하는 순 후레아들 놈들인 미국 놈들도 "How are you?"라고 인사하면 "I am fine, thank you, and you?"라고 답하지. 서툰 번역으로 하면 "잘 지내시는가!"라고 하면 상대방은 "덕택에 잘 지내고 있습니다. 고맙습니다. 귀댁도 무고하시지요!"라고 상대방을 한껏 높이면서 서로 교제를 나누지요…. 쌍놈들인 미국 놈들도 우리나라 어떤 사람들처럼 "안녕하십니까!" 하면 "네-에!"라고 거만하게 딱 끊어 먹는 인사법은 없지요!

　우리가 아는 유행가 가사에 '니가 나를 모르는데 나는 너를 알 수 있나….'라는 구절이 있지. 인사도 그렇고, 친구 간의 교제도 그렇고, 서로가 서로를 생각해 주지 아니하면 둘의 관계는 깨어지기가 쉽지. 아니 깨어지지 않는다고 해도 발전은 있을 수가 없지. 깨어지지 않는 특수한 케이스는 상거렁뱅이인 이 도령을 끝까지 버리지 못한 춘향이의 굳은 절개와 뺑덕어멈과 같이 재산(강남에 있는 아파트)을 다 날려버린 심봉사에게 끝까지 효도한 심청이의 효도뿐이었지!

　원고를 뒤지다 보니 내가 친구들에게 연하장을 보낸 게 1994년부터였도만. 그땐 봉투도 인쇄할 줄 몰라 우리 사무실 아가씨가 한 일주일 동인 실랑이히면서 만들었지. 한 3~4백 장의 가 개인에 대한 이름이 들어간 편지와 봉투에 직접 한 컴퓨터 인쇄는(라벨지 붙이는 게 아니고 직접 인쇄) 할 일 없이 커피나 타던 건축사 사무소 아가씨의 신나는 일거리였지. 하여튼 정성을 꽤 쏟은 거지, 지금도 개인 한 사람 한 사람에 대한 편지와 라벨지를 쓰지 않는 편지 봉투는 그리 많지 않지! 한 10여 년 동안(한 1~2년은 내가 고달파 연하장 안 보내고) 매년 3~4백 장의 연하장을 정성 들여 보냈었지.

받는 사람은 신소리 까는 편지 한 장이니 대수롭지 않겠지만 쓰는 나는 상당히 정성이 들어가지. 처음에 생각을 정리하는데 보통 2~3주일 걸리고, 내가 건축쟁이라 생각한 것을 글로 표현하는 게 쉽지 않지. 초고를 프린트하여 읽으며 수정하는 일을 한 10여 일 걸려서 초안이 10~15회 정도의 수정을 거쳐 생각이 정리되면, 각 개인의 전체 이름과 존칭 애칭을 넣어(한기웅 사장님, 한 건축사님, 한 소장님 등) 한 사람 한 사람의 편지를 완성하여, 봉투의 주소를 확인하고 봉투의 이름과 맞나 일일이 다시 확인하여 우표를 붙여 발송하지. 정성과 시간이 꽤 들어가지.

허나 진짜로 '안녕하십니까?'였지. 2006년 4월 1일 장모님이 타계하셔서 친구 300명에게 내가 직접 문자 메시지를 보냈지. 허나 문상 온 친구, 전화해 준 친구, 나중에 위로해준 친구는 모두 합쳐 20명이도만. 너무나 허탈하도만. 내가 그렇게 정성스레 연하장을 근 10여 년간 300여 명의 친구들에게 보냈는데도 다들 모른 척하다니….

해서 나도 이젠 정말로 '안녕하십니까?' 하기로 했지. 건성으로 친구들에게 허리 깊숙이 숙여 인사하고, 악수도 다정하게 하고 얼굴도 안 보고 "너 얼굴 좋다, 운동 많이 하나보지!"라고 아무 생각 없이 다정히 인사만 하기로 했지…. 전혀 정성스러운 일은 앞으로 절대 안 하면서 말이지….

요즘은 종종 장모님 상에 전화도 안 해준 친구들이 내 옆에 와서 다정하게 하는 말 "기웅아, 왜 재미있는 편지 안 보내냐?"이거나 "기웅아 요즈음 왜 글 보내주지 않느냐?"라고 주절거려서…. 하도 얼척이 없어서 아무 말도 안 했지. 속에서는 '야이 쌔끼야, 내가 춘향이의 지조냐? 심청이의 효도냐?' 소리가 튀어나오는 걸 꾸욱 참았지. 항상 '안녕하십니까?'이니까!

내가 되게 화가 나는 게 뭐냐면, 나의 장모님 상에 전혀 관심이 없어 전화도 한 통 안 했으면 '안녕하십니까?'처럼 계속해서 관심을 갖지 말라는 거지. 어찌하여 내일에는 관심이 전혀 없으면서 자기가 받는 내 글에는 관심이 있어 나보고 강제로 신소리 끼는 편지를 저에게 보내라고 강요하니 답답하다 이거지….

하기야 내 편지 받는다고 친구들의 삶이 달라지는 건 아니지만, 신소리 잔뜩 쓴 내 편지 받는다고 젊어지는 것도 아니지만, 나에게 관심이 없는 친구들에게까지 심청이의 효심으로 춘향이의 절개로 편지를 보내기에는 내가 너무 늙어 버렸구려!

해서 나에게 관심을 보인 20여 명의 친구에게만 간단하게 신소리 잔뜩 써서 보내기로 하고(한 20장이므로 쓰기도 쉽고 프린트하기도 쉽지. 우푯값도 조금밖에 안 들고….)이제 남은 시간에 나에게 잘해준 친구, 사기 친 친구 등 엉뚱한 친구들을 소재로 하여 내 인생의 역정을 한번 글로 써보기로 하면서….

X 사장님에게는 항상 감사하는 마음뿐입니다. 항상 건강하십시오!

2007. 02. 02.

X 사장님 흑석동 이야기를 아시나요!

　국립묘지 옆에 있는 흑석동에는 재미있는 옛(?)이야기가 하나 전해 내려오지요! 명백하게 뼛속까지 친일 친미인 최고의 지도자가 있었다지요. 부지런한 그는 세상 돌아가는 걸 도외시하고 새벽 4시부터 일어나 떡고물 떨어지는 어떤 토건 사업을 할까? 궁리하다가 뇌물 준다는 소리를 귀신같이 잘 알아듣는 그는 똥간 청소하는 아줌마의 구시렁거리는 소리를 들었지요. "찌렁내 나는 이놈의 일을 언제나 그만두나, 미국에는 깜둥이도 대통령이 되는 이 세상에….". 그는 아무리 생각해도 무슨 얘기인지 알 수가 없어 고민(그는 자기가 존경하는 미국 대통령이 깜둥이가 되면 안 된다고 굳게 믿었던)하며 잠자리에 들며 이불을 들어 올리며 곤히 잠자는 마누라를 두드려 깨워서 물었지요. "깜둥이가 대통령이 되었나?" 하니 마누라 왈 "그게 바로 버락 오바마지!", "뭐라고? 벼락 맞으면 까맣게 타지!", "아니 벼락이 아니라 버락이라니까?" 해서 그가 밥상머리가 아닌 이불속에서 청천벽력 같은 귀한 정보를 얻은 그는….

비서실장에게 임힌 명령을 내렸지요. 'J회장은 헌 왼짜리에 있는 거북선 그림으로 우리 선조는 500년 전에 철갑선을 만들었으니 우리는 너희 선박을 충분히 만들 수 있다고 뻥치시며 선박을 처음 수주했다니 나도 미국 대통령에게 아첨 좀 하게 검은색 들어가는 무엇을 좀 찾아 내가 아첨하게 하라!' 비서실에 있는 박사들이 머리를 맞대고 연구했지요. 검은콩을 먹으면 건강에 좋아진다고 하면 검둥이를 먹어야 하니? 머리 좋은 박사가 좋은 아이디어를 냈지요. 검은색이나 흑색이나 마찬가지니 흑석동에다 게스트 하우스를 지어 검둥이 대통령을 정중히 모시면 좋아할 겁니다! "좋은 생각이다. 그렇게 하라." 해서 움직이기 시작했습니다. 이상 동태를 감지한 정보부장 헐레벌떡 뛰어가 "안됩니다." 거기 흑석동 옆 상도동에는 전직 최고 지도자가 "질을 넓혀 강간의 도시를 만든다(전직 지도자는 혀가 굳어 '길을 넓혀 관광의 도시를 만든다.'라는 얘기를 그렇게 표현)."라고 했으니 흑석동에 좋은 집을 지으면 유곽이 되고 그 주인은 포주가 되니 세상이 웃을 노릇이지요. "아, 그러면 안 되겠구나!" 했다는 전해 내려오는 믿거나 말거나의 전설의 고향이 있으며….

우리는 돌에 대하여 한번 생각해 보면 다이아몬드 같이 빛나는 보석 청보석 홍보석 흑석 잡석 잡석을 깬 쇄석 등이 있지요! 기우회에 나오는 우리 친구들을 한번 돌에 비유해보면, 빛나는 다이아몬드 같은 친구란? 바로 기우회에 나와 바둑도 져주며 기우회의 모자라는 살림에 보태라고 얼마씩 보태주는 친구요! 청보석 홍보석 같은 친구는 기우회에 나와 바둑도 한 반절은 져주고 반절은 이기는 친구요! 기우회에 나오기는 나오나 맨날 이기기만 하는 친구는 그냥 흑석 같은 친구고 자식 자랑 마누라 자랑 지 자랑만 하는 친구는 잡석 같은 친구요. 지만 옳다 잘났다 하고 다른 친구와 다투고 싸우는 친구는 잡석을 깬 쇄석같은 친구지! 해서 우린 어떤 돌 같은 친구가 되어야 하는지? "각자가 알아서들 하라고!" 하면서 다음의 모임인 10월 15일이 기다려짐은 다이아몬드 같은 X 사장님의 만남이(절대로 기부하란 얘기는 아님) 그날 틀림없을 거라서 그런 모양이지요!

2012. 10. 23.

바보들의 합창

봄이군요! X 사장님도 건강하시지요. 노란 개나리가 한껏 세월을 자랑하고 있구려! 예쁜 개나리는 노란 병아리들을 연상시키며 따스한 봄볕과 함께 마음을 포근하게 하는구려! 오늘도 집에 들어온 나는 바보상자라 하는 TV와 함께하면서 자꾸만 바보가 되어가는 것만 같아….

멍청한 일본 놈들은 쓰나미가 왜 왔나, 원전이 왜 터졌나 생각도 못 하고 갑자기 중등학교 애들에게 독도가 일본 땅이라고 억지를 부리고 있고만. 여기에 대응하는 우리나라 위정자들도 멍청하긴 마찬가지군…. 쪽바리들의 말도 안 되는 주장을 심각하게 받아들이지 말고 확고한 반박 논리 아래 그네들의 주장을 코미디화하여 다음부터는 그런 주장을 못 하게 해야지….

신문에 대문짝만하게 광고를 내는 거여 **"멍청한 일본놈들아 독도**

가 쪽바리네 땅인지 2011년에야 알았냐? 한 몇 년 후엔 대마도가 한국 땅인 것을 알 것이고 몇십 년 후엔 동경이 한국국토인 것을 알 테니 독도 내놓아라, 하기 전에 먼저 대마도부터 내놓아라!" 이렇게 일본의 주장을 코미디로 만드는 거지!

멍청한 민중은 또 있지! 전 대통령 P씨가 우리나라 근대화 산업화의 화신이 양 떠드는 정신 빠진 노털들이 또 있지. 그 말이 맞다면 전 대통령 P씨가 없는 중공이 세계 제1의 경제 대국이 될 수 없고, 전 대통령 P씨가 없는 싱가폴의 부가 있어서는 안 되지. 엊그제 한겨레 신문에 경기도 지사는 이북을 우리 정도의 경제 수준으로 올리는 데는 20년이면 충분하다고 했도만…. 레임덕이 없던 18년 독재의 P대통령은 우리나라 모든 대통령의 업적을 보탠 것보다 더 많은 업적을 쌓아야 하는 18년의 독재의 긴 세월이지. 우리나라 경제 발전은 장기 집권의 독재가 만들어낸 산업화지 전 대통령 P씨 능력으로 만든 공과가 아님을 노털들은 모르지…. 중공이나 싱가폴처럼 아무리 멍청이를 시켜도 18년이면 그 정도는 발전시키지(허기야 일제 식민의 36년이 암흑 암울, 수모의 세월이 아니라, 우리나라 산업화의 중요한 시기였다는 얼빠진 보수 뉴라이트도 있으니…). 단지 전 대통령 P씨는 민주화의 화신이지, 영부인은 적군의 총탄에 자기는 아군의 총탄에 맞아 죽었으니 무척이나 민주화 아니 공평하게 양쪽에서 총 맞아 돌아가신 몸소 민주화의 실천하신 독개 군주이시지?

우리나라가 산업화한 것에 대하여 한번 생각해 보자구요. 대부분의 멍충이들은 반신반의 인간인 박 모모가 우리나라를 산업화 근대화했다고 주장하나, 좀 깊게 생각해 보면 세계의 부(재벌들)가 유럽과 미주에서 산업혁명 후 처음엔 교육과 인력이 풍부한 일본에서 경제 발전하여 부를 축적하다 이제 일본이 살만하니 임금 올려라, 공해추방 해라하니, 다음에 한국, 또 한국에 경제 부흥을 일으켰고(이때 전 대통령 P씨가 독재한 시기), 한국이 살만하니 임금 올려라, 공해 추방하라 하니 중국으로 중국이 살만하니 임금 올려라 하니, 베트남으로 세계의 부가 옮겨 간 거지. 어느 한 사람의 능력으로 한 것이 절대 아니다 이거지.

내가 친구에게 연하장 등의 편지를 10여 년간 했지. 해서 가끔 친구의 부인들 만나면 나보고 "글 잘 쓰는 분.", "재미있는 글 쓰시는 분." 내 글 모아둔다는 친구의 부인들이 간혹 있었지…. 나의 장모님 돌아가신 후에는 친구들로부터 "기웅아 왜 편지 안 보내주냐?"라는 소리를 무척이나 많이 들었지. 이번 우리 딸 결혼 후에도 가끔가다 그런 소리를 하는 친구가 한둘 있었지. 나도 내 글 좋다는 친구나 그 부인들에게 편지하고 싶지. 허나 멍청한 내 컴퓨터는 내가 조용히 타이르는 내 말을 듣지 않는구려! 장모님 타계하신 후에는 문상 왔던 친구 주소만 찍어 내더니 이번 우리 딸 결혼 후에는 축하해 준 친구의 주소만 찍어 내는구려! 이게 다 멍청한 컴퓨터 때문이 아니겠어!

해서 내 주위에는 멍청이 바보뿐인 것 같구려 하면서 나도 바보 멍청이가 되어가는 느낌이구려! 하니 X 사장님께서는 한기웅에게 전화하여 기웅이가 바보인지 아닌지 테스트 한번 해보시구려! 이렇게 "기웅아, 소주 한잔 하자." 해서 "나 지금 마누라랑 거시기 하느라고 바빠 못가." 하면 멍청한 거고 "그래 그럼 곧 가지." 하면 **안 멍청**한 거니 꼭 확인하시도록! 히히히…. **화사한 봄볕같이 화사한 가정에 고운 개나리같이 고운 건강이 같이 하시기를!**

2011년 4월 12일
한기웅 드림

정보의 중요성

　여름 같은 봄에 X 사장님도 건강하시지요! 엊그제는 좀 쌀쌀하여 어제는 좀 두꺼운 봄옷을 입고 나갔다가 여름 같은 봄 날씨에 고생 좀 했지요. 이게 바로 TV 신문에서 날씨의 정보를 못 얻은 좀 둔한 본인의 잘못이지요. 옛날에 살수대첩에서 강감찬 장군님은 자연 등에서 정보를 얻었지요. 우리 군사가 막을 수 있는 댐의 크기 물의 양이면서 수나라 군대를 수장시키기에 충분한 양이어야 하며, 수나라 군사를 물로 공격할 때 물의 속도가 군사의 속도보다 빨라야 하고, 이 중에 하나라도 맞지 않으면 살수대첩은 성공할 수가 없지요! 장군은 모든 정보를 잘 분석해 작전을 짰지요. 정보란 정보부 경찰만 필요한 게 아니고….

2011. 04. 29. 작성

　나와 친한 친구이었던 사관학교를 졸업하여 별을 달았던 친구가

있지요! 내가 곤란할 땐 전화 한 통화 없다 건축사사무실 하여 좀 허리 펴니 나타나 한다는 소리가 자기 마누라가 참모총장 마누라에게 한 수 배웠는데, 별을 달려면 인삼 곽에 현금 이천만 원 넣어 바쳐야 한다지요. 자기와 경쟁자는 광주에서 레미콘 공장하여 재력이 있으나, 자기는 돈이 없으니 나보고 친구들한테 돈 좀 모아주라 하여 순진한 나는 친구 5~6명 모여 술 한잔하며(술값 3~40만 원은 내가 부담, 술값 합치면 무지하게 들었음) 내가 열변을 토하면 대략 한 번에 한 50~100만 원 정도 모였지 해서 이천만 원이 조금 안 되는 돈을 모아 그 친구에게 주녔시. 꼭 별을 달라고….

그 후에 내가 술 먹다 허풍을 떨었지. 건축사는 도장 한번 찍으면 오천만 원이 그냥 나온다고 하니 그 친구 그 돈 투자하라고 억시게 꼬셔서 엉겁결에 대답하고 말았지. 집에와 마누라에게 말하니 마누라는 절대로 주지 말라고 꼭 떼인다고, 허나 난 "한번 약속 했으니…." 라고 마누라와 되게 싸웠지. 돈 떼인 후 C씨에게 얘기하니, 자기는 장가가려고 모아둔 천만 원 떼었다고 하면서 돈 주기 전에 자기에게 얘기했으면 사기당하지 않았을 텐데 하며 아쉬워 하도만…. 여기까지는 틀림없는 정보고, 들리는 소리로는 요즈음 그 친구 사관학교 동기 선후배들한테 몇천~몇억씩 해 먹고, 돈 빌려준 친구들이 돈 안 주는 그 친구에게 전문 추심 요원에게 인계한다고 하니 손이 발이 되게 빌면서 면전에서 꼭 돈 준다고 거짓말만 해대니, 그 동기들은 그가 콩으로 메주를 쑨다 해도 안 믿는다고…. 그와 되게 친한 익산 살았다는 N씨까지도…. 해서 그는 동기생 모임에는 얼굴도 못 내민다는 소리가 있는데 확실히 알 수는 없지. 이게 다 정보 부족 아니겠어, S씨가 천만 원 떼인 것 내가 알았으면, 내가 돈 안 줬을 것이고, 내 돈 오천만 원 떼먹은 걸 사관학교 동기들이 알았으면 수천만 원씩 주지 않았겠지!

사실을 사실대로 말하는 것을 친구 욕한다고 쉽게 말할 수 있으나, 다시 생각하면 친구의 잘못을 다른 친구들에게 떠벌리면 그 사실로 못된 친구의 더 할 수 있는 못된 짓을 사전에 막을 수 있고 착한 친구들의 억울한 사정을 만들지 않지. 다시 정리하면 S씨가 돈 떼인 것을 내가 알았으면 나는 돈 안 주지. 또 사관학교 친구들이 S씨가 내 돈 떼먹은 걸 알았으면 돈 빌려줄까?

2011년 9월

여유 있게, 쉬엄쉬엄

계절의 여왕 5월에 가기 싫어하는 봄을, 개구쟁이 여름은 어거지로 봄을 보내려고 애를 쓰는구려! X 사장님도 남은 여생을 어거지로 보내려 하지 마시고, 탄탄히 건강 챙기시어 기웅에게 막걸리나 자주 받아주시구려! 쉬엄쉬엄 여유를 부리며 말입니다.

요즈음 트랜드가 SLOW FOOD, SLOW CITY, SLOW WORK라고들 하면서 여유들을 부리는구려! 이제까지 우리는 후딱후딱, 빨리빨리 라면서 숨도 못 쉬게 몰아대었지요. 아니 몰아댄 게 아니라, 늦으면 식민시대에는 일본 놈에게 6.25 사변 시 이후에는 미국 놈에게 그 뒤에는 상사나 높으신 공무원들에게 특히 군바리 공무원들에게 되게 혼났지요.

이제 우리나라도 소득 20,000$ 시대라 주저하지 말고 좀 더 자신 있게 행동해야 하는 데도, 아직도 우리는 열등감을 떨쳐 버리지 못하고 일등만 좋아하는구려! 4월 말 김연아가 아사다 마오에게 일등을 내준 바로 다음 날 지하철에서 여대생들이 심판 잘못이라고 울분을 토하고…. 김일이 박치기로 일본 놈을 쓰러트리면 팔도강산이 떠나갈 듯 울렸고, 홍수환이 카라스키야를 4전 5기로 챔피언 먹었을 때는 세상이 울부짖었었지. 이게 다 일제에, 미군정에, 군사독재에 억울하게 억눌린 우리 국민의 마음으로부터 포효 아니겠어….

미국 놈같이 여유를 가져야지, 서브 프라임이라고 세계의 경제가 요동치면 간단히 딸라 찍어 내어 해결하고 미국놈이 제일 잘하는 야구 WORLD CLASSIC 만들어 일본 놈 한국이 일등 하니 슬그머니 없애 버리고, 우리나라같이 IMF라고 하면서 코 묻은 돌 반지까지 모으는 난리에 올림픽에 태권도를 없앤다고 하니 세상이 없어지는 아픔을 느끼는 우리나라와는 차원이 다르지!

이제 우리나라도 소득이 20,000불이니 좀 더 여유를 갖고 즐길 수 있으면 좋으련만…. 김연아의 메달 색깔에 연연하지 말고 연아의 우아한 동작에 손뼉을 칠 수 있는 여유가 있어야 하는데…. 허기야 나도 엊그제 L씨와 싸운 나쁜 놈이란 총무의 얘기를 듣고(총무는 내 명의로 휴대폰 개통하고 요금 연체되어 나한테 이상한 통지 받게 되어 내가 요금 내라고 다그치니) 자기들의 얘기가 아니라 한 바퀴 돌고 두 바퀴 돌면 남자가, 아가씨가 되고 마는구려! 나와 L씨는 싸운 게 아니라…. 나와 L씨는 북중 전고 인하대 동기동창이고, 초목회도 10여 년간 부부 동반하여 만나 아주 잘 알지요. 어느 날 L씨가 전화하길 "기웅아, 우리 회사 건물 신축하는데 감리하려면 익산 와라." 나는 득달같이 달려가 감리하기로 하고, 다음날 서울 와서 감리 계획 세우는데 총무부장한테 전화가 와 "사장님한테 허락을 받았는데 이번 감리는 설계한 S씨(고교 동창이며, 건축사 면허도 없으며 개인 주택이나 시공하는 소규모 인테리어 업자)가 하기로 했으니 감리는 다음에 합시다." 내가 먼저 감리를 주라고 부탁한 것도 아니고 자기가 나보고 감리하라고 자청해서 부탁해서 내가 감리한다고 하니, 감리 약속한 다음 날 자기 회사 부장시켜 감리하지 말라고 하니 이는 나한테 자기 감리 있다고 자랑하며 약 올리는 것도 아니고, 참 이해하기 어려운 경우라서 내가 방방 뛰니(전에 광전자 설계할 때 한 건에 한 2~3천만 원 설계비 받았으면, 한 2~300만 원 인사했지요. L씨는 돈은 자기가 직접 받지 않고 꼭 자기 자가용 조수석 앞에 서랍에다 넣으라고 했지요.) 전고 북중 인하대 전기과 동기동창인 최호석 왈 "L씨는 자기가 하기 어려운 말은 부하 시켜서 하는 의리 없는 놈이라 나는 절대 상대 하지 않아!" 하더군. 해서 내가 친구들에게 편지로 알린 거지. **L씨는 자기가 부탁한 일, 그것이 하기 싫거나 주기 아까우면 부하 시켜 취소하는 간신배 같은 이중인격자니 상대할 때 조심 하라고** 나는 친구들에게 나같이 친구 믿고 일하다 방방 뛰지 말고 간신배 같은 놈과는 믿지 말고 거래하란 얘기지. 나는 씨우지는 않았지!

 참 내가 너무 흥분했나 여유를 가지고 즐겨야 하는데? 이제 X 사장님이 열심히 하시던 거시기는 이제 아들이나 부하에게 시키시고 여유를 즐기시지요! 이렇게 "기웅아, 막걸리 한잔 하러 오너라!" 어째 뽄때 나지요. 내가 뽄때나는 말을 여러 번 가르쳐 주었는데 이제까지 지킨 친구는 하나도 없구만…. 안 지켜도 좋으니 항상 건강은 하시라구요!

2011년 5월 25일
한기웅

역사는 반복된다지요!

옛날 중학교 때 읽은 삼국지에 제갈공명에 버금가는 방통이란 모사가 있었지요. 제갈공명이 공을 드려 모셔 왔으나 유비가 지방의 군수 정도를 시켜 놨지요. 가만히 보니 방통은 일은 안 하고 맨날 술만 마시는 거라, 걱정된 유비가 어찌 되나 보았더니 한 달 내내 술만 마시다 월말에 청사에 나와 하루 만에 한 달 밀린 정사를 다 처리 하는 거라…. 공명이 말하길 능력 있는 방통에 너무 쉬운 군수를 시켰으니 한 달 29일 놀다 하루에 모든 정사를 다 처리 했지요. 하니 능력에 맞는 좀 더 어려운, 아니 지위 높은 일을 맡겨야 능력을 충분히 발휘할 수 있다는 얘기지요. 즉, 조금 돌려 생각하면 능력 없는 놈을 아첨에 의하여 임명하면 나라나 회사도 대단히 손해지요. 능력 없는 놈이 자리만 차지하고 있으니 일이 매끄럽게 될 리가 없지요. 임명된 본인도 능력이 없으니 일을 처리 할 수 없어 고민이라는 말씀….

우리나라 속담에 '고기도 먹어 본 놈이 잘 먹는다!', '거시기가 고기 맛을 일면 임자인 초가의 빈대기 없어진다', '역사는 반복된다' 또한 삼국지에서는 '읍참마속'이라 하면서, 한번 투항한 장수는 또 투항할 수 있다면서 전적으로 믿지 않지요. 요즈음 신문에 성폭력 전과범이 가석방되어 전자 팔지를 찬 채로 다시 성폭력 하다 체포되었다고 대서특필했지요!

뇌물과 사기 허풍에 대하여 잠시 한번 생각해보기로 합시다. 앞에서도 잠시 얘기 했지만 나는 서울대 간다면서 공부도 안 하고 재수하여 서울대는 다시 떨어지고 이리 저리하다 인하대 건축과에 입학했지요. 전기과에 사기꾼인 이모, C씨 화공과에 L씨 이렇게 전주고등학교 동기동창이었지요. 1년 후 전고동창 모임에 나는 얼굴도 모르는 동기동창이라는 K씨가 나타나 초급대학 건축과에 입학했다고 하여 그냥 덤덤하게 지냈지요. 2학년 마치고 해군에 갔다가, 김신조 때문에 3개월 전역이 늦어 4년 후 복학해 보니, 나와 입학 동기는 H씨, L씨, 나 그리고 한해 늦게 입학한 초대 출신 K씨가 있어 L씨와는 잘 어울리지 않고 한jk 나 초대에서 올라온 K씨는 매일 같이 형제보다 더 가까이 어울려 다녔지…. 졸업을 앞두고 4학년 2학기에 우리 세 놈은 직장 추천도 있고 하여 돈 2만 원씩 모아 L 교수에게 찾아가기로 했지. 나와 jk는 돈 내고 K씨는 돈 오면 낸다고 하면서 미루었지요. 한 2~3주일 후 K씨가 얘기하길 교수 찾아가 뭐하냐 하여 우리 세 놈은 모아둔 4만 원으로 술 먹어 버렸지. 허나 교수 추천은 한 명이었고 그 한 명은 나보다 성적도 안 좋은 K씨였지요. 우린 그냥 그런가 보다 하고 말았으나, 한 3~4년 후 K씨와 술 먹다 하는 말. 그때 우리(K씨) 아버지가 말하길, "세 놈이 같이 찾아가면 효과가 없으니 너만 혼자 찾아가"라 하여 우리와 철석 같이한 약속을 어기고, 자기 혼자만 금반지 3돈짜리 사가지고 L 교수 혼자 찾아가 저만 취직되었다고 자랑하여…. 나는 속으로 생각하길, '친구를 믿은 내가 병신이지'라고 생각하였지….

7~8년 후 공채로 하여 한일개발에 기사로 들어갔지. 친구 K씨는 과장인데, 어찌어찌하여 사우디에 가게 되었지요. 입학 동기들이 과장인데 나는 기사이니 좀 불편해도 열심히 했지요. 인하 공대의 재단인 한일개발 사우디 현장에 건축과 L 교수가 방문했지요. 나는 금반지 3돈에 성적을 바꾼 교수가 좋을 리가 없으니 쳐다보지도 않고, K씨는 금반지 3돈에 자기 욕심 다 차리고 이제는 교수에게 아무리 잘해주어도 쓸모가 없으니 별로 기쁘지 않아 본척만척하고. 하면서 생각하기를 금반지 3돈에 교수의 권위를 팔아먹은 불쌍한 인간, 금반지 준 사람은 이제 쓸모가 없으니, 당한 사람은 교수를 시장 바닥의 채소 장수보다 더 멸시하게 되며…. 금반지 3돈이 너무 비싸게 느껴지기만 합니다.

나는 한일개발에서 진급시켜주지 않아 사우디에서 첫 휴가 때 무작정 사표를 냈고, 어찌어찌하여 미륭건설(현 동부건설) 과장으로 들어갔으며 미륭에서 공정관리를 하면서 해외공무부에서 근무하다 사우디 킹스오피스 현장에 갔지요. 그 시절에는 컴퓨터가 대세였지요. 감독관도 타자로 해서 보고하면 머리를 기웃하다가도 컴퓨터로 같은 문서 작성해서 보고하면 OK 했지요. 해서 모든 건설회사가 컴퓨터를 들여놨지요. 미륭건설도 대형 컴퓨터와 차장 과장 직원 3명의 한팀을 무작정 사우디로 보냈지요. 컴퓨터 팀은 무얼 할지 몰라, 즉 컴퓨터가 만능은 아니지요. 컴퓨터는 타자기와 같아 유능한 작가가 없으면 타자기는 소설을 쓸 수가 없는 것 같이 컴퓨터는 그냥 쇠붙이에 지나지 않지요. 미륭의 전산팀도 할 일이 없어 전전긍긍하는데 내가 공정관리를 컴퓨터로 제안하여 전산팀의 일거리를 만들어 주었지요.

킹스오피스에서 공무를 보았으며 무슨 일인지는 잘 기억나지 않으나 약 한 달 야간작업하고 그 일이 끝나, 딴 기사들은 뜨거운 현장에서 노무자들과 실랑이할 때, 나는 시원한 에어컨 밑에서 별로 할 일이 없으니 시방서(스펙 설명서)나 ASTM, DIM, JS 같은 건축 시방서 등을 뒤적거렸지요. 영어로 된 시방서가 건축만 약 1,000쪽 정도이니 읽기도 거창하지만, 만든 사람도 혼자가 아니라 여러 사람이 짜깁기한 거지요. 즉 한 이론으로 처음부터 끝까지 일률적으로 된 게 아니라는 얘기지요. 하니 우리 건설회사는 시방서에는 있으나 우리에게 이로운(싼) 재료나 방법을 찾으면 그만큼 단가가 낮아진다는 말씀. 시방서를 뒤적거리다 요상한 한 문장을 발견한 거라 '직접 땅에 닿은 부분의 콘크리트는 TYPE-V를 써야 한다.' 사우디는 토질이 석회질이라 지하(under ground)에 들어가는 콘크리트는 모두 다 TYPE-V를 써야 하며 시멘트 TYPE-V는 한 포에 20리알이고 지상에 쓰는 시멘트는 TYPE-Ⅰ는 18리알이지요. 나도 서울에서 킹스오피스 견적할 때 지하에 들어가는 부분은 모두 다 TYPE-V로 뽑았었지요(사우디에서는 이게 바로 상식이지요). 킹스오피스에서도 공사 시작하며 배쳐프랜트에 TYPE-V시멘트가 한 벌크 들여와 일을 시작했지요. 허나 시방서에 근거하여 우리 현장은 외방수라 지하에 들어가는 부분도 흙과 직접 접촉하지 않으니 'TYPE-Ⅰ을 써도 된다', '나는 영어를 잘은 못하니 영어 잘하는 기행(기술 행정) 직원에게 감독의 승인을 받아 오라'고 하니, 우리 회사의 기술 행정 직원도 말도 안 되는 소리 하지 말라 하면서 펄쩍 뛰는 거라 나는 기행 직원과 거의 싸우다시피 큰 소리로 다투었지요. 그러다 소장에게 알려져 소장이 기행 더러 가보라 하였지요. 즉 소장이 감독관에게 보내서 허가를 받은 것이지요. 해서 공사금액 6000만 불 공사에서 60~90만 불 원가 절감했지요(킹스오피스는 지하 구조물이 좀 많았음). 신이 난 나는 또 뒤적거리다 방수벽의 직각 코너 부분 플라스틱 챔버(CHAMBER) 대신 몰탈로 대체 했으며(약 40만 불, 그때 본사에서 왜 공사가 늦냐고 현장 기사에게 얘기하니 원인을 모르는 현장 기사 무조건 인원이 모자라 그런다고 하니 많은 인원을 보충했으나 기능직 직원들은 할 일이 없어 직원 숙소 도배하고 있었음. 그 남는 인원으로 시공) 해서 나도 건축 공사 부장에게 내가 원가 절감 많이 했으니 유럽 보내주라고 떼를 쓰니, 그해 12월에 베를린에 출장가서 근무 시간에는 복사 심부름만 했음.

나도 열심히 했는데 진급도 안 시켜 주고, 해서 휴가 나와서 한 달 놀다 사표를 냈지요. 한 두어 달 후 해외사업본부에서 호출이 와 가보니 사우디 가지 말고 그냥 나오라 하여 못 이기는 체하고 그냥 출근했지요. 그때부터 미륭건설의 공정관리는 모두 내가 했지요. 국내 입찰 견적에 사우디 현장 공정관리 등도 모두 다 내가 했지요. 사우디 출장(2주에서~3달 정도)은 우리 마누라 말마따나, 슈퍼 가는 것처럼 되게 자주 다녔지요. 해외 가기 싫어 여권을 죽여 버리니 아침에 출장 가라는 부장님의 말씀에 여권 없다 하니, 여권 오전 2~3시간 만에 만들어 오도만…. 심지어 어느 날인가는 아침에 회사 출근했다 전화로 집에 오늘 사우디 가야 하니 내복 챙겨 놓으라고 말하며 회사 차 타고 공항 가면서 집에 들려 내복 가지고 사우디로….

미륭건설에 실력은 있으나 잘 비비지 못하여 대리로 입사한 광주가 고향인 심○○ 대리가 나와 의기투합하여 나와 잘 어울렸지. 공정관리도 내가 심 대리에게 자주 설명해주었지. 그때 인원이 부족하여 서로가 직원들 추천하였지. 한일개발의 김○○과 조○○(나와 입학 동기) 이가 얘기하여 심 대리를 과장으로 한일개발로 추천하였지. 한참 후 사우디에 가서 보니, 김○○과 심과장이 같은 현장으로 와 있도만, 심 과장 얘기는 인하 공대 졸업생 등살에 힘들다 하면서도 기술적인 얘기를 서로 하면서 인하 공대 출신들은 자기의 실력을 이길 수 없다 하도만…. 김○○은 만나면 기술적인 얘기는 전혀 하지 않고 장관인 자기 매형 군수인 자기 매제 자랑만 하면서 소장한테 매형 매제 얘기해도 아무 반응이 없다고 하소연만 하지(현장에서 장관 군수가 무슨 필요가 있는지?). 며칠 후에 심 과장이 선물을 주어 무슨 선물이냐 했더니 인하 공대 텃세의 와중에서도 실력을 인정받아 보상적 이태리에 재료 검수하러 출장 갔다 왔다 하도만. 현장에서는 장관 군수보다도 실력이 더 필요하지….

해서 정리해 보면 운동부 감독, 선생님, 교수, 직장 상사들이 뇌물받고 실력이나 성적을 무시하고, 뒤바꾸어 추천하여 상급학교에 진학, 진급, 회사에 입사시켰다면…. 살살 비빈 진학이나 진급 입사한 사람의 능력이라고도 하겠으나 세 가지의 잘못된 점이 있지요.

첫째로 금반지 3돈이나, 돈 몇 푼 받은 감독, 선생님, 교수, 직장

상시의 권위가 불쌍하지요. 추천할 때는 기고만장 하지만 한 번 추천하면 그게 다이니 다음에는 추천 당하지 못한 사람은 실력 없는 사람을 추천해 줬으니 감독이나 교수를 사람으로 생각하지 않을 테지요. 또한 추천 당한 사람은 다음에는 추천할 교수나 감독이 전혀 쓸모가 없으니, 즉 이용 가치가 없으니 추천한 교수나 추천한 사람에 대하여 다음에는 사람 취급을 안 하겠지요.

둘째로 회사나 국가는 능력 있는 사람 대신 비비는 사람이 들어 왔으니 제대로 일을 하거나, 게임에 이길 수가 없으니 회사에는 대단히 손해지요. 즉 건설회사에서는 지금까지 지켜온 전통이 있으니 그 기술적 전통을 유지하거나 더 발전시켜 다음 세대에 물려주어 기술력을 유지해야 하나 아첨만 하는 사람은 그리하지 못하니 대단히 손해지요.

셋째는 능력 없는 사람이 자리를 차고 일하려니 답답하고 한심하지요. 어찌 보면 대단히 불쌍하지요.

2012. 10. 25.

엉뚱한 역사 이야기 01

안녕들 하시지요! 흔히들 역사는 반복된다지요. 해서 우리는 역사에서 교훈을 얻어, 다시는 같은 실수를 안 하려 하지만…. 지금의 **韓日**(한일)간 경제전쟁을 역사적 사실, 아니 성경적 사실과 한번 비교해 보자는 아주 엉뚱한 생각을 해보았지요. 물론 이것은 개인적인 생각임을 밝혀두며….

본인은 아주 순댓국을 좋아하지요. 해서 아주 맛있는 순댓국집을 발견하고 좋아서 자주 들리며, 우리 회사 직원이랑 우리 식구들 데리고 그 집에 자주 가니 주인아주머니도 좋아하시고, 나와 관련된 사람이 그 식당 매상의 한 70%를 올려 주었지요. 해서 나만 가면 머릿고기도 듬뿍 덤으로 더 주셨지요.

헌데 갑자기 건물주가 나타나, 나한테는 순댓국을 못 판다는 겁니다. 왜냐고 물으니, 내가 거만해서 안 된다는 겁니다. 방법이 없냐?

했더니 진짜로 네 마누라가 자식을 낳았나 검사하게 마누라 엉덩이도 만져보고, 진짜로 젖 먹여 키웠나 보게 마누라 젖통도 주물러 보아야 하고, 자식들이 와서 더러운 똥깐(변소) 청소를 해야 한다고 억지를 쓰는 겁니다. 옛날에 반신 반인간이라는 거시기가 독재할 때는 부정부패가 너무 심하고 너무 가난하고, 먹고살기 힘들어 억지 부리는 굴욕적인 건축주의 말을 들을 수밖에 없었지요. 그러나 지금은 세계 제일의 반도체 공장을 가진 우리, 순대를 사서 순댓국 끓일 수도 있고(자체생산), 짜장면이나 곰탕으로 대체 할 수도 있지요.(수입선 다변화) 우리가 만일 수입대체나 자체 생산하면 그 순댓집은 망하는데, 순댓집 망하면 건물주 임대료도 못 받고 저도 망할 텐데…. 우리는 옛날의 나약한 나라가 아닌데?

성경에서는 아랍에 종살이하는 이스라엘 민족에게, 젖과 꿀이 흐르는 에덴동산으로 가라고 하셨지요. 하나님은 80세 먹는 모세를 길잡이로 선정하셨지요. 모세는 궁중에서 교육을 받기는 했으나, 유명한 SKY 같은 명문대학을 나온 것도 아니고, 요즈음 우리나라 목사들이 자랑하는 미국이나 영국에 유학(초기에는 유럽에서 종교 탄압을 당하여서 묘지에서 숨어서 예배보다, 종교의 자유 세상이 되어 불같이 부흥하다, 교회가 너무 욕심과 부정부패 모순에 처하였지요. 그러다 종교 개혁이 되어 개신교가 출현하고 다시 개신교가 불같이 부흥하다 지금은 좀 거시기 하지만….) **다녀온 것도 아니고, 동네 사**

람들이 싸우는 거의 모든 곳을 기웃거리며 상관이나 하는, 말도 되게 못하여, 하나님은 말 잘하는 아론을 붙여 주었지요. 80세를 넘은 늙은 나이에 동역자들이 기를 쓰고 다 반대하는데도(반대하는 동역자들은 모두 문둥병에 걸렸으나) 젊은 처자를 작은 각시로 만들어 늙은이의 한없는 욕심을 챙겼으며, 처음에는 고대의 술사들같이 기본적인 술수도 쓰지 못하니 하나님이 직접 기적을 행해(처음 이스라엘 민족이 아랍에서 나올 때) 주셨고….

여하튼 아주 평범한 모세에게 명하여, 하나님 민족을 인도하게 하셨지요. 여러 어려움을 극복하고 하나님이 주시고자 하는 젖과 꿀이 흐르는 가나안에 도착하였지요. 그러나 자신이 별로 없던 모세 하나님이 주신다고 약속한 젖과 꿀이 흐르는 땅을 하나님 말씀을 믿고 박력 있게 바로 공략하여 자신 있게 탈취하지 못하였지요. 즉 나약하여, 하나님의 명령은 뒤로 미루고 각 지파의 눈치를 보며 각 지파에 타협하는 것처럼, 한 명씩 정탐꾼을 정하여 정탐하게 했지요. 하나님을 굳게 믿은 여호수아와 한 사람만(갈렙) 빼고는 남은 10명이 모두 다 겁이 나 하나님의 지시를 거슬렸지요. 결과는 광야에서 40년 고생이지요 (하나님은 간음한 여인을 벌주지 않으신 것 같이, 모세를 벌주지 않으셨으나 얼마나 실망하셨기에 모세를 살아서는 젖과 꿀이 흐르는 가나안에 못 들어가게 하셨을까?).

좀 돌려 말하면, 이는 지금의 한일 무역 전쟁과 같지요. 여기서 일본에 굴하지 않고 싸워 이기면 우리나라의 젖과 꿀이 흐르는 천국을 바로 만들 수 있지요. 그러나 우리나라는 기술이 50년 뒤졌으니 특사를 보내어 일본과 타협해야 한다면, 하나님의 말씀을 믿고 바로 쳐들어가지 못하지요. 즉 우리는 메뚜기 같고 일본사람은 기술이 50년 앞서 너무 장대하여 이기지 못하니 타협해야 한다면, 나약하게 정탐꾼을 보내어 하나님의 명령을 어긴 이스라엘 민족같이 40년을 광야에서 고생해야 하지요.

누구는 우리의 기술이 50여 년 뒤졌으니, 일본과 다투지 말고 일본에 특사 보내어 화해해야 한다고 억지를 부리나, 허나 인간들의 생각은 거의 비슷하게 하지요. 다시 말하면 일본이 생산하면 우리도 생산할 수 있다, 이거지요. 미국과 소련이 ICBM으로 서로 경쟁할 때 서로 철통 보안 속 거의 같은 시기에 소련이 먼저 인공위성을 발사하니 바로 다음에 미국에서 달에 사람을 착륙시켰지요(서로 다른 인간들이 서로 다른 방법으로 거의 동시에 ICBM을 만든 거지요.).

TV도 처음 미국 공과대학 학생이 교수와 학생 앞에서 TV 이론을 자랑하며 발표한 후, 몇 달 뒤 다른 사람에 의해 TV가 특허가 났고 교수 앞에서 설명한 학생이 소송을 하여 특허권을 찾았다는 얘기가 있지요. 다시 말하면 사람의 생각은 비슷해서 미국과 소련이 거의 같은 시기에 ICBM을 쏠 수 있으며, TV도 거의 같은 시기에 서로 다른 곳에서 다른 사람이 만들었지요. 이는 일본사람이 만들면 우리도 거의 같은 시기에 만들 수 있다는 얘기입니다.

지금 우리는 조선과 건설에서는 세계의 일류이지요. 허나 정○○ 회장님이 유럽에서 선박 수주하실 때 현 조선소 부지의 백사장 사진과 우리나라 지폐에 있는 거북선으로 우리 선조들은 200여 년 전에 철갑선을 만들었다 뻥치시며 수주하셨다 하시었나, 그때의 기술은 선신국에 50여 년 이상 뒤져 있었지요. 허나 지금은 세계에서 제일을 다투지요. 내가 직접 체험한 일이나 그때는 건설도(1970~1980년대) 우리나라 기술이 너무 뒤져 있었지요. 허나 지금은 초일류이지요. 본인이 그때 중동에 가서 기술 향상에 거시기 했지요. 다시 말하면 우리의 후진 기술 아니 인해전술 같은 건설 기술을 어떻게 선진화했느냐에 대하여 한번 생각해 봅니다.

그 시절(1970년대 유신 시대) 우리의 건설 기술은 레미콘 콘크리트는 거의 없었고, 현장 비빔 콘크리트이지요. 시멘트: 모래: 자갈 배합비도 현장에서 질통으로 어깨에 메어 올렸으며, 질통에 양도 노무자의 기분에 의해 조금씩 달라, 균질의 콘크리트를 거의 얻을 수 없으며 전부가 주먹구구식이었지요. 대형 1군 건설회사는 현장 비빔 대신 현장

콘크리트 미서기를 사용했지요. 무래 자갈은 질통으로 현장에서 노무자의 기분에 따라 적당히 날라 다 부었지요.

지금은 주 54시간 일한다고 하지만 그때 건설회사에서는 프로젝트가 떨어지면 처음에 호텔 방부터 잡고 약 10~15일 나올 수가 없지요. 약 일주일을 밤새면서…. 집계하는데 교차 검토를 하지요. 하다 보면 327을 372로 잘못 볼 수가 있지요(며칠 밤을 새웠으니). 이렇게 한 번 오류가 발생하면 집계한 사람은 수십 번 검산을 해도 327로 안 읽히지요. 다른 동료만이 찾을 수 있고 제일 힘든 건 설날 아침에 밥 먹을 곳이 없어서 해외 건축부 직원 수십 명이 퇴계로 3가에서 시청까지 헤맨 적이 있지요(이때 우리는 추석이나 설에 집으로 가서 식구들과 명절을 지내야 한다고 생각하는 사람은 거의 없고, 어찌해서라도 중동 건설 프로젝트를 하나라도 더 수주하여 회사가 명맥을 유지하고 우리가 살아남아야 한다는 절박한 심정들이었지요. 바로 전까지는 우린 할 일이 별로 없었으니).

언젠가는 우리 회사(미륭 건설, 현 동부건설)에서 시공한 안양(정부 종합청사 지나 바로) 아파트의 1층이 분양이 안 된 아파트 한세대에 우리 회사 해외 건축부가 몽땅 입주해서 한 6개월인가 1년을 밥해주시는 아주머니와 같이 밥해 먹으며 합숙한 적이 있지요. 월요일에 아파트에 출근하여 토요일에 퇴근하며 밤낮으로 해외 견적한 적이 있었지요. 일주일에 퇴근 시간이 없으니 출근 시간이 있을 수가 없지요. 해서 월요일에 직원들 출근 시간을 보면 아침 10시에 출근하는 사람이 있는가 하면 오후 3시경에나 으스렁 거리며 출근하는 직원도 있었으나, 늦었다고 타박하는 사람은 하나도 없지요.

언젠가는 어느 프로젝트인가는 생각이 안 나나, 아마 수주 금액이 한 2억 불(한화로 2000~3000억 원 정도의 프로젝트) 정도의 공사를 우리가 거의 수주 단계에서, 공정표가 뭐라고 하며 크레임이 걸려서, 온 회사가 난리가 났지요(지금 생각해보니 공정표와 같이 캐치업 프로그램을 첨가했던 것 같아요. 그냥 캐치업 프랜이라 얘기하면 되었는데 그때는 유럽 사람이라면 쫄아서 다른 변명 못 해서 고생한 것 같음. 또한 그때는 캐취업 프로그램이 무엇인지도 몰랐으며, 공기 지연 시 만회하는 공정을 부분적으로 첨가한 것 같음). 사우디와 서울의 전화비가 비행기 값의 서너 배가 나왔으며, 뭔가를 수정하고 변명하느라 한 2일 밤을 새우고 바로 사우디로 날아가 한 5일 밤을 새우니, 나중에는 152+37의 계산이 안 되었지요. 옆에서 눈을 부릅뜨고, 나를 도우던 일류대 건축과 출신의 젊은 대리들이 "한 과장님 답이 틀리네요." 하며 수정해 주었지요. 다시 말하면 2일 이상 밤을 새우면 정상적으로 일할 수가 없지요. 하여튼 그 프로젝트는 여러 곡절 후에 우리가 수주했지요.

여하튼 고생고생하여 한 프로젝트를 수주한 것은 우리 선조가 만든 첨성대가 정교하다 하여 수주한 게 아니라, 저가 수주 즉 예가의 80~60%로 수주하지요. 어느 건설회사에서는 8층 건물을 견적하다 7층의 철근을 몽땅 빼먹는 큰 실수를 하였으나 한 층의 철근을 빼먹어 수주할 수 있게 되어(저가 수주니 간발의 차로 수주함), 실수한 건축기사가 회사의 일등 공신이 된 예도 있지요.

어쨌거나 한 프로젝트를 수주하여 중동의 현장을 가게 되면 무지하게 더운 더위와 건조한 공기 모래바람과 싸우며 일하지요. 그때 처음엔 외국 공사 현장은 네댓 명의 인원이 왔다 갔다 하며 시공하는데, 우리나라 건설회사가 시공하는 현장엔 까마귀 떼같이 많은 인원이 소란하게 공사하지요. 즉 우리나라 시공 수준은 인해전술 수준이었지요. 현장에는 저승사자 같은 감독관이 우글우글하지요. 허나 건축대학을 나온 감독관은 몇 명이 안 되지요. 대부분은 Foreman(십장: 기능공) 출신의 감독들이지요. 언젠가는 우리나라 기능공 아저씨가 감독관 집 청소하다 종잇장같이 얇은 세수 비누를 버리게 되었지요. 감독관 마누라가 현장 소장에게 강력하게 항의하여 온 프로젝트가 난리가 났었던 적도 있었고…. 콘크리트 감독이 무척이나 못살게 굴었지요. 기사와 기능공이 짜고, 콘크리트 타설 시 옆에서 침 튀기며 잔소리하는 감독을 기능공이 슬쩍 밀어 콘크리트 타설하는 스라브에 넣었지요.

콘크리트 펌프카를 감독관 쪽에 부어 콘크리트 범벅을 만들었고, 현장 기사는 콘크리트에 뛰어들어 백배사죄하고, 기능공들은 일하는 옆에 오면 안 된다고 욕해대고, 완전히 현장이 개판이 된 적도 있지요.

처음 프로젝트를 시작하면, 정리가 안 된 상태의 가설 건물에서 짠밥을 버리지요. 냄새를 맡고 주인 없는 들개들이 거의 100여 마리 이상 오지요. 중동에서는 날씨가 더워 동물이 잘 죽지요. 해서 청소 동물인, 매나 고양이 들개를 절대로 살생하지 못하게 하지요. 들개들은 우리나라 똥개같이 뒤죽박죽이 아니라 그레이하운드 같은 늘씬한 개가 거의 전부지요. 사람에게 덤비지 않고 잘 따르며 아주 순하지요. 처음에 측량 기사들이 측량하다가, 고양이나 개새끼 주어와 기르는 기사들도 있었지요. 그 많은 들개가 2년 후엔 한 마리도 안 보이지요. 언젠가는 현장에서 기능직 직원이 현장에서 일하는 시간에 X 잡다 걸려서 조기 귀국한 적도 있지요. 나는 건축이지만 그 프로젝트에 소속된 게 아니고, 공정관리의 계획을 세우려 출장을 갔으므로(건축기사지만 건축에 소속되지 않음) 각 파트에서 괄세는 안 했지요. 돌아다녀 보면 X 고기는 자동차 정비하는 장비숍이 제일 맞았고 목수간이 부속 채소인 깻잎 등이 제일 많고, 토목숍에는 사대기(증류주)가 좋지요.

우리 집사람은 나보고 "사우디 가는 게 무슨 슈퍼 가냐?"고 핀잔을 주지요. 나는 일주일, 한 달 최고로 세 달 사우디 출장 갔지요. 한 번은 가기 싫어 여권을 죽였지요. 9시에 출근하니 부장이 "한과장, 제 다 갔다 와."해서 "여권 죽였는데요."하니 되게 뭐라 하며 "잔소리 말 고 가."해서 회사 차로(그때는 자가용이 거의 없었음) 반포에 있는 경남아파 트 집에 가 속옷 가지고 11시에 공항 나가니 총무과 직원이 새 여권 을 만들어 공항에 대기하고 있더라고요(그때는 모든 직원의 사진의 원판이 회 사에 있었고 기능직 직원을 하루에 20~50명 정도 거의 매일 송출 했지요). 항상 중동 에 갈 땐 비행기에 오르기 전에 비행기에서 풍기는 커피의 고소하고 달콤하고 독특한 향기가 다른 곳에서 절대로 맡을 수 없는 야릇한 향 기가 나면 기분이 아주 좋아지지요. 언젠가는 귀국하며 비행기 속에 서 위스키를 한 잔씩 주지요. 아무리 애원하고 꼬셔도 스튜어디스들 이 절대로 한 잔 더 안 주지요. 허나 나는 시침 딱 떼고 아가씨 불러 눈 똥그랗게 뜨고 진지하게 말했지요. "아가씨, 왜 나는 빵꾸난 잔을 주어 마시려 하니 다 없어져 버렸다." 고 능청을 떠니 아가씨 위아래 로 훑어보며 씩 웃더니 한 잔 더 그득 따라주더라고요. 지금은 양담배 가 천지지만 그때는(유신 시절 모두 다 국산품 애용이지요) 양담배를 피지 못 했으며 피다 걸리면 벌금 물었지요. 귀국하는 사람은 담배 두 보루와 술 한 병은 가능했지요. 나는 바레인인가 어데서 환승하며 한말 짜리 되게 커다란 조니워커 양주를 사 왔지요, 비행기 속의 외국인들이 다 쳐다보데요. 술병의 크기가 세 살짜리 내 딸과 비슷해서 사진도 촬영도 해 두었지요.

그때는 지금에 비하면 아주 원시시대였지요. 해외공사 수주하면 먼저 Shop dwg(시공상세도) 그려 청사진 구워 운반 도중 철저히 방수되게 비닐로 싸서(청사진에 습기가 침투하면 보이지 않지요) 서너 뭉치 우편으로 보내면 한 달 후에나 다시 청사진이 와서 시공하였고, 이메일이나 팩스가 없어 서로의 교신은 전부 우편 등으로 Trex(산업 현장에서 사용되는 휴대용 장치 커뮤니케이터)로 하였으며, 사우디에서 공사하며 독일에서 처음 팩스가 와서 얼마나 신기했던지? 그때는 이메일도 없었지요.

어느 현장에나 다 같이 꼴통들이 있지요. 상사의 부적합한 명령에 대하여 불복하며, 상사들을 들어 받으며 말도 되게 안 듣지요. 그들은 그들끼리 어울리며 말썽을 부리지요. 토목 전기 건축기사들이 뭉쳐 다니며 불평들을 하지요. 허나 문제가 생기면 거의 전부 꼴통들이 다 해결 하지요. 언젠가는 밤에 제너레이터가 고장이 나 온 캠프가 암흑 천지가 됐지만 말 잘 듣는 전기기사는 무얼 할지 몰라 우왕좌왕했지요. 꼴통이 나서서 문제를 다 해결해 버리고, 초창기에 토목에서 토취장(지반 굴착한 토사의 버림 장소)을 찾지 못하여 야단일 때 꼴통만이 해결했지요. 여하튼 꼴통들은 싫은 소리 들으면 떼지어서 월요일이고 수요일이고 상관없이 차 타고 현장을 나와 버렸지요. 해서 사우디 온 천지를 헤매며 안 가는 데가 없지요. 하니 사우디는 자기 고향보다 더 잘 알지요. 일은 언제 하느냐고 하면 사우디는 일하고 먹고 좀 쉬고 자는 것밖에는 따로 할 일이 없으니 즉 사우디는 일 말고는 다른 할 일이 많지 않아, 일이 좀 밀리면 야근하면서 다 처리해 버렸지요. 리야드에는 서울 청계천 꼭 닮은 시장도 있지요. 그때 우리는 리야드 시장 가는 걸 그냥 "청계천 가자."라고 하였지요.

사우디는 사막과 모래바람만 있는 것 같지만 우리나라 농업 저수지 같은 아담한 물이 가득 찬 저수지도 있으며, 어느 와디에 가보면 사막에서 물이 흘러나와 깊이가 무릎 정도로 약 폭 5~15m 정도로 흐르다 약 3km 이후엔 모래 속으로 사라지며 그 물속에는 우리나라에 있는 물방개 등의 많은 벌레가 있었지요. 물고기는 없데요, 그때 우리 회사는 약 7~10개의 현장이 있었는데, 어느 현장에서 민물고기 잡아 각 현장으로 한 양동이씩 공수하여 각 현장에서 직원들만(기능공은 제외) 민물고기 매운탕을 먹을 수 있었으며, 일하다 잘 안 되거나 답답하면 무조건 차 타고 교외로 달렸지요. 한 시간 정도 교외를 달리다 보면 사막 가운데 수박밭이 있지요(지하수로 농사짓지요.). 옆에 가서 꾸에이스 꾸에이스(좋다) 몇 번 하면, 공짜로 수박을 대여섯 덩이 올려 주지요(사우디 수박은 되게 답니다.). 그걸 가져다 식당에 주면 수박화채를 만들어 직원 숙소에 가져다 놓으면 그날 저녁은 모든 직원이 푸짐하게 수박화채를 먹지요.

현장에서 일할 때 현장 소장님의 첫 부탁이 'SPEC(시방서)대로 시공해라'였지요. 다들 처음이라 바짝 긴장하고 시공했는데도 감독들이 무지하게 많이 재시공시켰지요. 철근 간격이 1cm 모자라네, 남네, BS(영국 표준 시방서)나 ASTM(미국 표준 시방서), DIN(독일 표준 시방서)에 맞네, 틀리네 하면서 말이지요. 해서 우리는 감독관들이 되게 유식하며 기술적으로 우리보다 되게 앞선 줄로 생각했지요. 사우디에 간 기사들은 KS(한국 표준 시방서)가 있는 책을 어디서 구하는지도 모르니, KS를 본 사람이 하나도 없는데, ASTM BS DIN을 들먹거리니 되게 쫄 수밖에 없지요. 재시공은 철근은 결속선을 풀어야 하므로 야간작업이 불가하고, 재시공 인지 첫 시공인지 구별이 잘 안되니 낮에 재시공하나, 철근 콘크리트 표면 색깔이 약간 달라 불량이라 하지요. 재시공 명령이 떨어지면, 현장에서는 잘못된 구조물을 파쇄하는 건 사람들이 안 보는 밤에 주로 하며 야밤에 감쪽같이 없애 버립니다. 하니 서로 힘들고 재료 낭비되고 공기가 늘어나지요.

하도 답답하니 기행(기술 행정부로 영어 잘하는 문과 직원)에 부탁하여 ASTM, BS, DIN을 구해다 밤새우며 공부했지요. 보니 특별한 기술이 아니고 대학교 교과서에 있는 것을 좀 더 세밀하게 한 것으로 즉 철근의 휨은 철근 다이아에 따라 반경이 조금 달라지는 정도라 거의 다 알고 있는 것이었지요.

다음은 재료와 공법의 문제인데요, 카이저 스라브, 터널홈 등 요상한 말들을 써서 감독관들이 유식한 줄 알았으나, 다 재료와 회사에서 나온 공법으로 카탈로그에 다 있는 거라 좀 자세히 카탈로그 보면 다 할 수 있었지요. 또한 각 회사에서는 자기 제품 팔아먹으려 우리 기사들을 초청하여 2~3주씩 자기 회사(유럽)에서 자기 제품에 대하여 교육을 시켰고, 언젠가는 감독관이 철근 조달회사의 제품이 맞냐고 증명하랬지요. 꼬리표에 있지 않냐고 하니 꼬리표는 바꿀 수 있다는 것이라 하지요. 40~50명 되는 건축기사들에게 찾으라 명령이 떨어졌으나 못 찾다 2일 후 카탈로그를 본 기사가 철근의 표면에 있는 이형 돌기가 사람의 지문과 같이 회사마다 다르다지요. 즉 포항제철 철근과 현대제철 철근은 외부 돌기에 의하여 일차로 판정한다 이거지요.

그때는 공정관리가 좀 거시기했지요. 지금은 어쩐가는 몰라도 공정표 짜라면 대충 도면 보고 콘크리트, 마감과 관련한 사항 등을 대충 정하나 그때 유럽에서 요구한 공정표는 선행 작업 후행 작업 등이 표시되는 PERT/CPM 으로 요구하였지요. 이는 대충 보고는 짤 수 없으며 전체공사를 완전히 파악해야 만들 수 있는 것으로, 어느 현장인가는 기억이 안 나나 특기 시방서에 노미네이트(지정)된 엘리베이터를 설치하는데 그 공장은 1년 6개월분이 다 주문 완료되어 18개월 후나 제품 조달이 가능하고 여름 3개월은 공장이 다 문 닫아 전혀 연락이 안 되는 공장도 있어, 그 사항을 공정표에 넣어 작성해야 했으며, 어느 현장은 제너레이터가 커서 건물 골조 완공 후에는 설치할 수가 없어 기초위에 설치하고 콘크리트를 타설해야 하는 경우도 공정표에 다 넣어야 했지요. 따라서 공사수주 즉 계약과 동시에 제너레이터를 발주해야 겨우 공정을 맞출 수 있었지요. 즉 전체공사를 파악하지 못하면 공정표를 만들 수가 없지요. 해서 그 당시 공정표 만들기가 어려웠지요. 허나 한두 번 되게 홍역을 치르고 나면 우리가 그들보다 더 잘하게 되지요.

리야드의 킹스오피스 현장 인가 비행장인가 기억이 가물거리나, 유럽의 조경 기사가 우리 사무실에 같이 근무하게 되었지요. 그땐 유럽인이라 하면 대단한 기술력을 지녔다 생각했지요. 유럽인들은 사우디를 천국이라 하지요. 자기 나라에선 할 일이 없어 놀다 사우디에서 직업을 잡고 노임도 두 배니 천국일 수밖에…. 하여튼 그 조경 기사는 말도 안 통하는 우리 사무실 귀퉁이에 앉아서 일했지요. 헌데 한 5분에 한 번씩 사무실 끝에 있는 커피포트에서 커피를 타다 마시곤 했지요. 그때 우린 유럽의 기술력에 뒤졌으니 그가 커피를 되게 좋아하나

보다 했는데, 지금 생각하니 그는 책상에 앉아 자기 할 일이 무엇이며 무슨 일을 해야 할지를 알 수가 없어 하루 종일 커피만 마신 거 같았지요. 한두 달 있다 가는 것을 보니 좀 불쌍하단 생각이 들었지요.

킹스오피스 현장 같이 생각이 드는데, 무슨 일을 했는지는 생각이 안 나나 한 달여 동안을 자정까지 사무실에서 계속 야간작업을 했지요. 사무실과 숙소는 약 700m 정도니, 야간작업하던 일이 다 끝나고 별로 할 일이 없어서, 아침에 출근하여 사무실의 시원한 에어컨 밑에서 빈둥거리니, 뙤약볕에서 기능공들과 도면 가지고 씨름하는 다른 기사들 생각을 하니 좀 미안한 생각이 들었지요. 오전 10시경에 새참으로 나온 도너스도 먹고, 빈둥거리기가 미안하여 10번도 더 본 시방서(spec)를 다시 쳐다보다, face the earth 눈에 확 들어왔지요. 사우디는 석회질 지반이라 지하 구조물은 시멘트 타입 5를 써야 하며 지상 구조물은 타입 1을 쓰고, 타입 1은 18리알 타입 5는 20리알 약 10%의 가격 차이가 나는데, 다른 현장은 지하라 하면서 지하 구조물은 무조건 타입 5인데, 우리 현장은 스펙을 다시 보니 지하 구조물이 아니고 땅에 면한 구조물이라, 우리 현장은 4mm의 고무판에 의해 외방수라 face the earth가 아니니 지하 구조물은 모두 타입 1을 써도 되겠다 판단했지요. 그때는 공사가 시작돼서, 지하에는 타입 5를 쓰는 것으로 알고, 우리 공사장의 배쳐프랜트에도 한 벌크 타입 5 시멘트가 채워져 있었지요(우리 모두는 지하 구조물은 타입 5를 당연히 쓸 것이라 생각하고 있었음). 감독관과 얘기할 때 우리 기술자들은 보디랭귀지로 말하나, 기술 행정요원들은 영어로 농담하는 분들이라 내가 기행에 지하 구조물에 타입 1을 써도 된다는 허가받아 달라고 얘기하였지요. 그러나 말도 안 된다면서(그때는 사우디 간 사람 모두가 지하는 타입 5 쓰는 것으로 앎) 결국 못 해준다고 하였지요. 나하고 육두문자로 욕해가며 한판 붙은 거라 직원이 한 70여 명 되는 현장이기에 바로 소장에게 알려지고 소장이 명하여 기술 행정요원더러 가보라 하니 기술 행정요원 입이 한자나 나와 감독관실에 갔다 왔지요. 우리 현장에서는 지하 구조물에 타입 1을 써도 된다고 하니, 약 90만 불 정도의 경비 절감의 효과가 나왔으며 나는 보상으로 연말에 할 일 없이 10일간의 베를린으로 출장(여행) 갔다 왔지요.

Jeda CC에서 일이지요. detonation slab(폭발 슬래브)를 만질 일이 있었지요. 이는 건물이 아니라 20메가톤 원폭에 직격탄을 맞아도 3개월을 버틸 수 있는 요새지요(기초 외벽 지붕의 두께가 2m 간 벽과 중간 스라브가 30cm, 철근 32mm가 상하좌우로 10cm 간격이다. 전체 길이가 200~300m 숨구멍이 동서남북 4개소로 건물에서 약 50m 거리이며, 이 숨구멍 4개가 다 막히면 살 수 없으나 4개 중 하나만 존재해도 벙커 안 사람은 3개월 버틸 수 있음). 이 slab은 시공이음이 8m이며, 직경 32mm의 철근 겹침 이음 길이가 4m로 보통 상식을 벗어나는 구조물이지요. 이는 철근 한 줄을 까는데 길이 8m 철근이면 두 가닥의 철근이, 길이 12m 철근이면 일부는 세 가닥의 철근이 필요한, 다시 말하면 어마어마한 철근이 들어갔지요. 아침마다 속 쓰리다고 노래하던 최 차장, 어느 날 느닷없이 시공이음이 8m, 래핑 길이가 4m이니 길이 16m 철근이면 다 해결된다고 뻥 치니, 자재부에서 난리가 났지요. 전 세계에 시험실이 있는 세계의 모든 철강회사(납품할 수 있는 조금 큰 회사)에 trex를 다 쳐서, 직경 32m 길이 16m의 철근을 생산할 수 있냐고 하니, 이태리의 한 철근 회사에서만 답이 왔지요. 생산이 가능하다고, 우리 현장에서는 환호가 터졌지요. 철근을 9000톤 절약할 수 있었으니….

남광건설인가 어데 인가? 확실치는 않지만, 딴 현장에서 고속도로 건설 현장에서 한 토목기사가 사우디 모래는 물이 스며들지 않고 물이 흐르기만 한다는 것에 착안하여 물이 흐르는 와디를 막아서 1년에 한 번이나 올까 말까 하는 비를 기다리지요. 그렇게 빗물을 가두어 고속도로 공사에 공사용수로 사용하여 많은 경비를 절감하였다 했으며, 다시 말하면 사막에서는 상상할 수 없는 생각으로 경비를 절감할 수 있는 거지요.

건축에 꼭 필요한 ASTM, BS, DIN등의 표준 시방서 공법 재료 특기시방서 등에 관한 건 기술자들이 연구하고 밤새우는 등 온갖 노력을 다하여 해결하였으며, 언젠가는 샤쉬 납품하는 업자가 현장에 협상하러 왔다가 식사 시간이 되어 현장식당에서 같이 식사하며 넋두리하길, 1군 회사들은 기술자들이 재료의 품질에서 한번 업그레이드시켜 손해 보고, 다음은 자재부에서 가격 가지고 한 번 더 다운시켜 손해가 이만저만이 아니지만, 1군 회사라 공사를 많이 수주하니 손 뗄 수도 없다 했지요. 2군 회사는 100만 불 납품하면 담당자에게 3~5만 불 집어주면 만사 OK라며 푸념했지요.

우리 기능직 직원들도 건설 현장의 발전에 한 획을 부담했지요. 감독관들이 아침에 "Good morning"이라고 인사하면 귀가 좀 어두웠나? 어쨌나 "Good morning"을 "굶었니?"로 잘 못 듣고(?) 약이 올라 빌어먹었다고 웃으며 말하면 감독관도 같이 웃지요. 처음엔 기능직 직원들이 기사들 따라다니며 시간 좀 많이 달아 주라 부탁했지요. 기능직 직원의 급료는 시간에 따라 지급되었으니 여러 시행착오를 거쳐 전체 공정에 대하여 일괄 하도급(야리끼리, 돈 내기)을 주게 되었지요. 예 하면 10명이 10일 걸릴 일을 다시 말하면 10×10=100 공수가 들어가는 공정을 어느 한 팀에 70공수로 노임 일괄 도급을 주면 5명이 7일에 끝내면, 실제로 들어간 공수는 5×7=35 공수인데 노임은 70공수가 나가니 기능직들은 7일 일하고 14일의 급료를 받게 되니, 서로가 이익이지요. 헌다고 일을 날리는 게 아니라, 고등학교 공업책에 있는 대량 생산에서는 분업으로 생산성을 높인다는 이론이지요. 벽에 합판을 붙이는 작업을 분석해 보면, 처음 합판을 규격에 맞게 자르려면 먼저 규격에 맞게 자로 재서 마킹하고 두 번째로 톱으로 자르고 마지막으로 망치로 못 박아야 하지요. 만일 한 사람이 한다면 자를 들었다 놓았다 톱을 들었다 놓았다 망치를 들었다 놓았다 많은 시간이 필요하지요. 하지만 5명이 한팀이 되면 자로 마킹하는 사람은 자로 마킹만 하며 자르는 사람은 톱 들고 계속 자르기만 하고 망치로 박는 사람은 계속 망치로 박기만 하니 능률이 2~4배로 오르지요. 해서 기능직들은 날일(전체 노임 하청이 아닌)을 땀나게 하면 삼대가 빌어먹는다고 하니 회사는 노임의 절감과 공기의 단축이란 이익이 오지요.

특기 시방서(SPEC)는 영어로 된 약 500여 페이지의 책으로 한 프로젝트에 두 권내지 3권으로 구성하고 있지요. 해외공사 첫해에는 처음 해보는 해외공사에 대한 걱정과 또한 해보지 않은 공정들에 대한 불안감, 영어 Spec(특기시방서)에 대한 중압감 등으로 되게 쫄며 공사했지요. 그러나 다음 해엔 뭐 그런가 보다 하며 공사하고, 그 다음 해엔 시방서에 대하여 이리저리 따져보며, 특기 시방서가 방대하므로 어쩌다 보면 서로 충돌하는 곳이 발견되고 그러면 우린 시공하기 편하거나 돈 안 들어가는 공법을 택하지요. 예하면 시방서 몰탈 부분에 바닥과 벽이 만나는 곳에 대하여 직각으로 하면 하자가 발생할 수 있으니 몰탈로 모나지 않게 라운드로 마감하라고 지적된 곳이 있고, 특기 시방서 창호 및 잡철물 항목이 있는 부분에는 바닥과 벽 사이의 직각 된 부분에 프라스틱 챔버(Chamber)를 사용하여 마감을 보호하란 부분이 있지요. 우리가 만든 BM(bill of matereal)에 보니 프라스틱 챔버의 재료비가 약 30~40만 불로 잡혀 있었지요. 미장에서는 바닥과 벽의 경계를 잡는 데는 그냥 할 수는 없고 모서리 마감하는 쇠손이 있어야 마감할 수 있지요. 즉 '하까리'라 하는 직각 잡는 쇠손이며 직각이나 라운드 다 쇠손이 있어야 마감할 수 있지요. 시간이나 재료가 추가되는 게 아니고 그냥 쇠손으로 한번 문지르면 되는 거지요. 물론 이런 야리꾸리한 것들은 땡볕에서 기능공과 씨름하는 현장 기사들이 발견하기는 좀 뭐하고 시원한 에어컨 밑에서 맨날 바쁜 것 같기도 하고, 맨날 노는 것 같기도 한 공무들이 발견하여 현장에 알려 꼭 감독관의 사인을 받고 시공하게 하여 현장 경비를 절감하지요.

사우디 제다에서인가? 잘 기억이 가물거리나 MOFA(외무성 건물) 현장에서 일어난 일인 것 같이 생각되나, 현장소장인 이사와 오전 11시쯤에 대판 싸움이 있었지요. 씩씩거리며 나와 상관이 없는 현장에서 얼쩡거리니 오후 2시쯤 본사 사장한테 전화가 와 "한 과장 고만둔다는 소리가 들리는데 좀 참아라."라는 얘기를 듣고 못 이기는 체 알았다고 했으나 나의 엉터리 소견에는 내가 무척이나 유능하여 무슨 일이나 다 해결할 줄 알았지요. 허나 막상 건설회사를 그만두니 할 수 있는 일이 하나도 없었지요. 건설회사라는 유능한 직원들이 있는 거대한 조직에서는 나의 능력이 배가되어 모든 일을 큰소리치며 할 수 있었으나, 회사를 그만두고 나오니 나의 능력은 초라할 뿐이었지요.

사우디에서는 해외 발주 공사가 무척 많지요. 리야드나 제다 등에서는 여러 현장이 있어 기사들이 할 일이 별로 없으니 자주들 만나지요. 대학 동창 옛날에 근무했던 회사직원, 진급이 안 된다고 불평하는 같은 회사직원을 다른 회사에 한 등급 위로 추천하여 진급한 동료 등 많은 건축기사를 만나지요. 국내에서야 술 먹고 자기 일이 바빠서 잘 안 만나지만 사우디에선 할 일이 별로 없으니 자주 만나지요. 만나면 한다는 소리가 건축에 관한 소리가 많지요. 한 등급 위로 가긴 했으나 새로 간 회사에서 지역갈등 학벌 갈등 등으로 고생하던 기사가 모든 건축기사가 풀지 못한 공법으로 현장에서 히트 치며 보상으로 자재 검수하러 이태리 등 유럽 출장 가서 한 실수 등을 서로 떠벌리며 시간을 보내지요. 얘기하다 보면 기상천외한 방법으로 어려움을 극복한 일들이 수두룩하지요. 개중에는 좀 덜 되어 자기 처남 매제가 어데 시장 무슨 장관 한다고 알아듣지 못하는 자랑을 하며 현장 소장에게 말하여도 전혀 반응이 없다는 친구도 있지요(그 친구는 대학 4학년 때 친구이며 나하고 셋이 같이 교수 찾아가자 하니 처음엔 그렇게 하자 하더니, 나중엔 그럴 필요 있냐고 하여, 멍청한 우리는 찾아가자고 모아둔 돈으로 그 친구와 같이 술 마셨지요. 그러나 그 친구는 자기 혼자 교수 찾아가 세 돈짜리 금반지 교수에게 주고, 저 혼자 교수 추천으로 취직한 요령이 대단히 좋은 친구). 하지만 대부분은 공법에 관한 어려움 해결 방법을 서로 얘기하지요. 하니 공사가 발전되었지요.

건설 기술의 발전은 한 두 사람의 특별한 아이디어로 발전한 게 아니며 특히 반신반인의 지도자의 탁월한 한 사람의 지도력에 의해 발전한 게 절대 아니지요. 이는 모든 기술자의 노력을 합작한 덕이지요.

그때 중동에 간 건설기술자들이 수천 명은 될 것이며, 각 기사의 참신한 아이디어로 공기 단축, 공사비 절감, 새로운 쉬운 공법의 개발들이 각 기사 1명당 1~2건 아니 0.1~0.01건이 있었더라도 수천 명의 기술자의 참신한 기술력이 합쳐져 세계 굴지의 건설 기술의 발전을 이룰 수 있었지요. 다시 말하면 우리가 처음 사우디에 들어갈 때는 건축시공 기술은 완전히 원시시대, 아니 인해전술 수준이었지요. 허나 우리가 공사를 수주하여 부대끼고 멸시받고, 설움 받고 연구하며 재시공 당하면서 우리의 건설 기술력을 향상시켰지요. 지금은 세계에서 제일을 논하는 단계이기도 하지요.

반도체도 여기서 기죽지 말고, 다시 말하면 애굽을 탈출하던 이스라엘 민족같이 밍기적거려 광야에서 40년을 방황하지 말고, 일본이 우리보다 기술력이 50년 앞섰고 우린 메뚜기 같다고 하면서 일본과 타협해야 한다고 하면, 우린 아랍을 탈출하려던 이스라엘 민족같이 어두운 광야를 40년 헤매야 할 것이지요. 여기서 우린 일본에 굴하지 말고 한국인의 능력과 지혜를 발휘하여 꼭 극복해야 하지요. 그러려면 각 회사의 많은 직원에게 맡겨서 회사 기술자들이 좀 더 노력하면 모든 문제 다 해결될 것이지요. 다만 정치꾼들만 끼어들지 않는다는 조건만 있으면….

X 사장님, 답답할 때 무얼 하시나요!

우린 무슨 일이 잘 안 풀리고 답답할 때 기도하지요. 많은 목사님은 기도에 대하여 다음과 같이 설교(설교 예화집에도 있음) 하시지요. 미국의 어린 고아들이 많은 어느 고아원에서 헌금자들의 헌금이 지체되어 (월급날이 안 됐다고, 개런티를 아직 못 받아서, 부동산이 안 팔려서….) 몇 끼를 굶은 어린 고아들이 배고프다고 설쳐대니 원장이 보다 못하여 주방장에게 식사하자고 하고 접시와 스푼을 나누어 주고 간절히 기도 하지요. 보통 5분에 끝나던 식기도가 10~30분 길어지고 우유 한 컵 빵 한 조각이 없음을 안 주방장, 똥 마려운 개 부뚜막에 오른 것처럼 안절부절못하는데…. 자동차 소리와 함께 커다란 트럭에 빵이 잔뜩 도착하지요. 빵 공장에 불이나 약간 그을린 상품 가치가 없는 빵을 고아원에 기부 한 거지요! 한편 그 원장님의 부모인가? 형제가 하나님 믿지 아니하여 원장이 14년간 기도하여 전도했다는 얘기도 있으며 기도의 달인 베드로(기독교 1인자 하나님, 2인자 예수님, 3인자 베드로)는 기도로 죽은 자도 살리고 많은 귀신 들린 자를 기도로 물리쳤지요. 자기가 가진 습진을 낫게 해달라고 하나님께 여러 번 기도했으나 하나님은 들어 주지 않으셨지요. "네 은혜가 네게 족하다!" 하시면서, 즉 기도는 곧바로 들어 주는 것, 14년 후에 들어 주는 것, 아무리 능력이 있어도 전혀 들어 주지 않는 것 등이 있다 이거지요!

〈야망의 계절〉이 방영될 시기로 기억되는데, 음악 방송 중(CBS로 기억되는데?) 전 대통령 L씨의 어머니 얘기하는 중 "우리 어머님은 새벽 기도를 빼먹지 않으셨으며 매일 이루어지지도 않는 기도(주인집 사업 잘 되고 주인집 도령님 건강하고 다음 우리형제 잘되라고…)를 하셨다…." 내가 듣기에는 자기 어머니가 새벽 기도 잘 나갔다는 자랑인가? **아니면 이루어지지도 않는 기도를 왜 힘들게 매일 아침에 하시는지?** 알지 못하겠다는 투정인가? 알 수가 없었지! 장로라는 사람이 기도에 대하여 너무 가볍게 이야기하는 것 같아 좀 아쉽도만…. 하면서 주인집이 잘 됐거나, 머슴이 충성하였으면 머슴 집 애들은 주간 학교에 보내었을 텐데 (이것도 저것도 아닌 전 대통령 L씨는 자력으로 야간상고 나왔다니).

하면서 어느 팀의 리더는 적어도 반장이나 통장 아니면 구멍가게 사장의 아들이 되어야지, 자기나 자기 팀의 이익을 위해서 열심히 일하지. 주인을 잘 섬기던 종의 아들이나 행랑아범의 아들이 팀장이 되면, 그들에겐 충견의 심리가 있어 자기나 자기 팀의 이익을 위하기보다 주인의 이익을 위해 목숨까지 바치는 진돗개 같은 심리가 암암리에 있어 그 팀에겐 상당히 손해지!

대통령이 된 뒤도…. 소고기 수입도 그렇지. 다른 나라들은 못 이기는 체 하면서 30개월 미만만 수입해도 미국 놈들은 대단히 고맙다고 하도만…. 우리만 **허겁지겁** 늙은 소도 수입한다고 하여 촛불집회를 만들고 나중에 다시 협상하여 우리 돈 주고 고기 사 먹고 미국 놈들이 인심 써 30개월 미만만 수출한다고 하며, 미국 놈의 콧대만 높여주었는지? FDA도 그렇지. 미국 의회는 4년간 미적거리며 미루면서 안된다는 재협상 하여 자기의 이익 다 챙겼으나 우리도 좀 미루어 미국놈 애태우며 우리의 이익을 챙기며 재재협상하면 좋았을 텐데. 그냥 **덮어놓고** 밀어붙여 버리니…. 이건 모두 다 **뼛속까지** 친미 친일인 전 대통령 L씨 철학이겠지? 이건 주인(미국) 위해 자국민의 손해를 감수하고, 물불 안 가린 충견의 충성스러운 충견의 맹목적인 행위지?

정리해 보면 충견이란 자기 생명을 바쳐서라도 주인의 생명을 구하는 것이며 전 대통령 L씨의 부모는 새벽에 잠을 물리치며 새벽기도로 주인의 사업과 건강을 비는 충견 노릇을 하였지. 전 대통령 L씨는 국민의 이익을 생각지도 않고 주인인 미국놈(미국 공화당, 민주당 양 당의 대통령에게 환영받은 미국 대통령들은 전 대통령 L씨를 대통령으로 생각한 게 아니라 그냥 돈으로 생각했으니 다 끝난 2011년 11월 ASEM에서는 본 척도 안 했시.)의 이익을 위해서 **허겁지겁** 허가하고 **덮어놓고** 국민의 건강을 밀어붙여 버리니…. 이는 모두 다 충견의 기본자세이지!

이제 X 사장님도 내가 기도하려 하니 비아냥거리지 말고 힘을 더 보태주시구려! 꼭 이루어지게 말이지요. '**하나님 아버지 감사합니다. X 사장님 건강하게 하시고 가정에는 웃음과 행복이 넘쳐나고 넉넉한 재화로 이웃을 풍성히 돕는 복된 가정이 되기를 예수님 이름으로 기도합니다. 아멘**' 먼저 친구인 한기웅에게 우선 한잔 사보라고 하면 기도가 3%는 이루어진 거니! 히히히!

2011년 12월 1일
한기웅 드림

X 사장님

노루 꼬리같이 초라하던 햇볕이 이제 소꼬리만 하게 길어졌구려! 망년회라 무어라 하며 소주로 절여진 X 사장님이 속도 시원한 물로 세척 한 후 햇볕에 말려도 될 만큼 해가 길어졌구려.

이제 희망찬 새해를 맞아 우리 초목회도 한 번 용트림 할 때가 되었구려. 회비 또한 기쁜 마음으로 내면서 말입니다.

새해 초에는 어부인 모시고 xx정에서 1월 17일 금요일에 모임을 가지려 하오니, 날씨가 조금 춥더라도 꼭 참석하시어 기쁜 초목회가 되도록 합시다.

1997년 1월 7일

입춘이랍니다

봄이 왔다기에 그 좋은 봄을 잡으려 반팔 입고 아파트 앞뒤로 뛰어다녀 봐도 보이지 않기에, 눈이 나빠 못 찾는가 하고, 돋보기까지 끼고 강변까지 가서 그 다정한 봄을 찾아보았지요. 허나 찾던 봄은 없고 감기만 들었구려…. 봄이 심통을 부렸음인지?, 내가 멍청했음인지?

우리 초목회도 한 번 멋 부려 보려고 1월의 모임을 재주부려 멋지게 보려 하였으나…. 이제 우리는 구세대라, 신정보다 구정이 더 어울린다고 하고, 많은 회원이 참석하지 않았구려!

해서 이번 2월에 맞는 신년(구정) 하례회를 다시 하려 하오니, 정신 차려 기억하시기를 바라며(특히 마누라 잊지 않고 데려오기).

1997. 02. 11.

또 한번 산수유가 노오랗게 꽃망울을 터트렸구려!

TV를 보고 있으려니 날씬한 다리를 가진 슈퍼모델들이 빨갛고 노랗고 파린 옷들을 입고 삐쭉거리고 다니는 걸 보니 걱정이 되더구려! 저 옷이 흘러 내리면 어찌할까? 하고….

해서 산수유 보고 얘기했지. 어찌하여 넌 매년 노란 꽃만 피우냐고. 슈퍼모델같이 빨간 꽃 하얀 꽃을 번갈아 가며 피우면 너욱 좋을 텐데 하고 말이지. 처음엔 천기누설이라고 얘기 안 해주더니, 내 모습이 하도 측은 하였던지 가만히 얘기해주더군!

만일 내가 빨간 꽃을 피우면, 신문기자가 가만히 있겠냐고 말세가 되었다느니 위정자가 어떻다느니, 한기웅이 회장이라 그렇다느니, 너무 말이 많아 시끄러워 살 수가 없다 이거지. 그렇지 않아도 자동차소음 땜에 살기가 어려운데, 기자까지 떠들어 대면 미친다 이거지!

하면서 덧붙이기를 '그래서 자연과 역사는 반복된다나' 하니 정신이 퍼뜩 들더군. 초목회비도 작년에 냈다고, 내년에 낼 거라고, 지금까지 안 낸 넋 빠진 회원은 역사를 거스르는 무지렁이 같은 초목회원이란 것을 생각하니….

4월의 모임도 접근하기가 조금 불편하고 서비스가 좀 떨어지나 간이 맞는 XX집에서 부부가 같이 모여서 봄의 꽃 얘기라도 하도록 하세나!

1997. 04. 07.

장마철에 건강하신지요? 본인은 이 지루한 장마철에 커다란 수해를 입어 전전긍긍하고 있으며 그로 인하여 6월의 모임도 주선하지 못하였지요. 초목회원이라고 지도층에 계신 분들이 전화도 한 통 없으니 이를 무어라고 풀이해야 하나요? 본인은 장대 같은 소낙비에 구두를 흠뻑 젖었으며 양발까지 수해를 입어 그거 말리느라고 전전긍긍하였지요. 이번 장마가 끝나는 7월 24일 한번 모여 봅시다.

1997. 07. 11.

무척이나 더운 여름에 어찌 지내셨는지요? 마나님 등목 시켜 주시느라고 시간이 모자라신 X 사장님의 전화를 기다린 건 아니나, 초목회를 소집하지 않아도 전혀 반응이 없으시니….

세상에 들리는 얘기로는 금년 여름이 다른 해보다 더 덥게 느껴짐은! 전○○께서 전○○ 고스톱(싹쓸이 고스톱)을 창조하시고 수천억의 비자금을 마련하여 노○○께서 비자금으로 판돈을 준비하여 전모, 노모 대통령이 감방에 계실 때 고스톱 판을 벌리고자 김○○을 기다렸던바. "나는 확실히 한 푼도 없다."라고 하면서 고스톱 판에 들어오지도 않고 전○○과 노○○을 밖으로 불러내지도 않으니 전씨와 노씨가 화가 나서 열을 내니, 그 열 때문에 금년이 유난히도 더웠다는 엉터리 같은 소문이 있는바, 확인할 길은 없으며….

확인할 수 있는 건 9월의 초목회 모임도 추석이 끼어 건너뛰겠다고 하는 엉터리 같은 소리뿐!

1997. 08.

어찌 어찌하여 또 한 번의 복더위가 가만히 물러갔구려!

찬바람이 사알짝 부니, 무딘 본인도 정신이 퍼뜩 드는구려, 해서 콱 생각해 버렸지요!

경쾌한 노랫말에 '봄이 **오면** 산에 들에 진달래….'

'비가 **오는데** 비가 **오는데**….'

노천명의 다정한 속삭임에 '시몬 그대는 듣는가, 가을이 **오는** 소리를….'

요즈음 한참 떠드는 '○○이 대통령 후보로 **나왔다**는 얘기 등….'

세상 돌아가는 모든 것이 전부 다 온다는 소리뿐. 간다는 소리가 전혀 없어 우째 이러나 생각해 봤지요…. 한 서너 시간 생각하다 결론이 났지요. 가라는 소리는 인생의 끝장이라고 해서 끝장이 보기 싫어 세상은 모두 다 온다는 소리뿐이라고….

X 사장님도 초목회 모임에서 가라는 소리가 나오면 끝장이니, 회장이 모임이 있다고 나오라고 애교 있게(?) 권면할 때 이유 붙이지 말고 나오셔서 생의 즐거움을 느끼시도록….

1997. 09. 18.

어느 날 언뜻 창밖을 보니 은행잎이 노오랗게 변했구려! 참 예쁘다 생각하며 은행잎같이 노오랗고 보송보송한 병아리를 머리에 떠올렸구려…. 저 가엾은 병아리도 이제 몇 달이 지나면 영계백숙이 되어 미식가의 식탁을 장식하겠지?

상상의 나래를 펴다 보니, 우리의 인생도 이젠 큰소리 칠만큼 많이 남은 건 아니구려! 해서 우리의 시간은 지나면 지날수록 더욱더 귀해지는가 보구려!

X 사장님의 그 귀중한 시간을 할애해주라고 떠들어 대는 본인의 무지가 자꾸만 부끄러워지는구려. 하지만 금년을 마감하려 하며 초목회 모임을 11월 27일에 하려 하오니 영부인 모시고 ○○○로 모여 봅시다.

1997. 11. 13.

X 사장님 빨간 꽃 노란 꽃

어찌 어찌하다 보니 연말이구려! 새해 첫날에 생각해 보니 한해가 무척 많은 날이 있는 것 같아, 이것저것 계획도 많이 세우고 많은 일을 할 것 같았으나 해 놓은 일은 하나도 없고 벌써 한해가 다 지났구려!

초봄의 싱그럽고 생동감 넘치던 푸른 새싹들도, 이제 노랗고 빨간 낙엽이 되어 청소부들의 넋두리를 머금고 길바닥에 아무렇게나 널려 있어, 세상 사람들의 기억에서 점차 사라지는구려….

알알이 맺혀있는 청포도의 성숙함을 더해주던 칠월의 이글거리던 태양도 이제는 매가리가 없이 그저 태양의 존재를 잊지 말라고 하늘의 한쪽을 채우면서 낮이니 내가 안 나가면 안 되지(술 많이 먹어 속이 되게 쓰린 직장인이 할 수 없이 직장에 출근한 것같이). 어딘지 서글픈 생각이 드는 때에 교회의 종소리가 나를 인도 하는구려!

교회의 강대상에 빨갛고 노랗고 하얀 예쁜 꽃들이 그 아름다움을 한껏 자랑하며 목사님 곁에 있어 멍청하게 생각해봤지요. '저 빨간 예쁜 꽃을 피운 밭은 얼마나 빨갛고 예쁠까? 노란 꽃을 피운 밭은 새로 태어난 노란 병아리처럼 무척이나 순진하겠지? 하얀 꽃의 밭은 너무나 하얘서 엄청 순결하게 보이겠지?'라고….

옆에 있던 딸애가 "아빠 성경책 떨어져!"라고 수군대서 정신이 퍼뜩 났지요! 빨갛고 노랗고 하얀 꽃들은 모두 다 시커먼 밭에서 생산되었다는 것을….

인생의 중반에서 우리들의 시작은 시커먼 밭과 같이 모두가 비슷하였으나 지금은 예쁜 꽃을 피운 X 사장님의 삶처럼 부러움이 무척이나 많구려!

허나 본인의 삶도 이제 꽃은 예쁘게 못 피었으나 나머지 몇 년 동안, 꽃이 어데 있는지? 보이지 않던 벼도 탐스러운 나락의 열매를 맺는 것같이 좋은 열매를 맺도록 하려니 많은 격려를 부탁드리며…. 좋은 새해를 맞으시길 바랍니다.

1997. 12. 10.

X 사장님(술주정)

오는 세월 막지 못하고 가는세월 잡지 못함이 X 사장님 잘못이요? 아니면 한기웅의 잘못이요! 그저 슬금슬금 한 해가 또 지났구려. X 사장님의 허락도 받지 않고….

검은 머리가 파뿌리가 된다는 얘기가 그저 나와는 상관없는 남의 얘기로만 들었는데 이제는 지하철에서 자리를 양보받아도 망설이지 않고 털썩 주저앉는 후안무치가 되었구려!

하염없이 내리는 장맛비를 보며 '오지 않는 이를 일도 없이 기다려 저 열릴 듯 닫힌 문으로 눈이 자주 가더라….' 라는 시구절을 읊조리며 길고 긴 여름 해를 보낸 지 엊그제 같은데. 이제는 날씨도 을씨년스럽고 초승달 같은 햇볕을 아쉬워하며 어덴지 떠나고 싶은 심정은 한 해를 헛되이 보낸 본인만의 마음이기를….

가만히 지난 세월을 돌이켜 보니, 내가 친구들에게 너무 잘못했구려! 먹지도 못하는 술 퍼마시고 되지도 않는 큰소리나 쳐대며 주위 친구들에게 욕해대며 깔아뭉개야 내가 올라간다는 큰 착각에 살았으니….

그저 한심할 뿐이요. 주위 사람이 인격적으로나 사회적으로 성공하면 그 옆에 있는 본인은 덩달아 지위가 격상된다는 평범한 진리를 알지 못했으니…. 그저 나이가 적어서(?) 그런가 보오!

X 사장님! 한기웅의 허물은 지난날 세월과 같이 가만히 묻어 주시고 희망찬 새해를 맞아 항상 건강하시고 하시는 모든 일이 하나님의 보살핌에서 더욱더 번창하시길….

1996. 11. 07.

X 사장님의 업적

　우리가 왜 매일 시계를 보며 사시는지 아시나요? 그건 시계추같이 매일 같은 일을 반복하며 지내니 우리가 그걸 보고 인생을 느끼라고 그러는 거지요.

　해서 또 한 번의 연말이 찾아왔구려. 매년 찾아오는 새해이건만 이번만은 지난 세월 같이 허송세월 하거나 후회스럽지 않게 살기 위해 우리는 항상 굳세게 다짐하고, 거창하게 계획을 세우지만….

　'역사는 수레바퀴 같다.' 하면서 또 잘못을 저지르는 게 인생이지요. 해서 기력이 쇠해가는 우리의 어깨를 짓누르는 건 주름살, 흰 머리카락 그리고 나이에 더하기를 옹고집뿐이구려!

　요즈음은 패기가 없어서 그런지 정력이 약해서 그런지?신문을 펴 들면 인물 동정난부터 보게 되는구려! X 사장님이 국가와 민족을 위해서 공헌한 그 일이 신문지 면에 대문짝만하게 난 그 기사를 찾기 위해서 말입니다.

성경 잠언 27장 17절의 말씀같이 '철이 철을 날카롭게 하는 것 같이 사람이 그 친구의 얼굴을 빛나게 하느니라.'
X 사장님 덕에 한기웅도 한번 이름 높이려고 말입니다.
새해엔 X 사장님을 위해서가 아니라 동창인 한기웅을 위해서 위대한 일을 많이 하시길 바라며….

1996. 12. 05.

X 사장님

X 사장님 입동이랍니다. 겨울이 온다기에 앞 사거리에는 군밤의 고소한 냄새가 뒷골목에서는 군고구마의 향긋한 내음이 날 줄 알고, 앞뒤로 뛰어다녀 봐도 갱재를 살리자는 공허한 메아리와 겨 묻은 개를 잡아 족치는 사정의 칼날에서 분노의 향기가 천지를 진동하는구려….

어젯밤 스산한 바람 소리가 겨울과 같이 남하한 북풍의 소리인 줄 생각 했으나 나는 한 푼도 먹지 않았다고 악쓰는 소리였군요! 악을 쓰다 배가 터진 것들은 은행잎을 노오랗게 물들였구려. 해서 우린 또 한 번의 봄을 기다리는 무기력한 인간들이 되는가 보오.

1996년도도 X 사장님의 많은 도움으로 무사히 넘어가는 것 같구려, 이제 한해를 마감하며 마나님 모시고 김○○ 회원의 역작 사업인 어느 집에서 모이려 하오니, 꼭 참석 바라며….

1996. 11. 11.

X 사장님 청포도가 익어가는 생동의 계절에 X 사장님이 계획한 모든 일이 포도알같이 영글어감을 생각하니 그저 흐뭇한 마음뿐입니다.

장마와 삼복더위 생각만 해도 지겹고 짜증나고 복통 터질 계절이지만 시인 이육사께선 '7월은 청포도가 익어가는 계절…' 이라 하면서 7월을 찬미했지요. 모든 게 생각 나름이지요. 우리도 마음을 가다듬어 세월을 찬미하며 지내봅시다.

해서 7월에는 우리 기쁜 마음으로 땀 흘리며 관악산에 어부인 모시고 한번 올라 생을 즐겨 봅시다, 시원한 콩나물국밥에 모주 곁들여서 말입니다.

1996. 07. 09.

X 사장님 통유리창

 X 사장님의 건강한 모습이 아련히 보임은 우리의 만남이 오래되었다는 얘기지요, 이제 며칠이 지나면 까치설이 되고 그다음엔 우리의 진짜 설이 된다지요. 지난 설에도 세뱃돈 준비해 기다렸는데 X 사장님이 오지 않아 되게 서운했지요. 이번 설엔 꼭 오시구려!

 이 추운 엄동에 응접실에서 커다란 유리창 너머로 시선을 주다 생뚱맞은 생각을 해 보았지요! 동지섣달의 맹추위에 나무들이 기를 못 피고 축 처져있음이 보이고 동장군은 응접실로 파고들려고 애쓰나 커다랗고 두꺼운 유리창이 막고 있구려. 창은 참 편리하구려. 자기에게 필요한 것은 통과시켜 보이게 하고 필요 없는 추위는 차단하지요! 하면서 인간과 인간의 연결고리인 마음의 창의 유리가 자기 자랑거리는 남에게 보이려 하고 자기의 허점은 감추려 애쓰지요. 남의 허점은 들춰내려 애쓰고 남의 잘난 점은 무시하거나 축소하려 애쓰지요. 하면서 응접실의 큰 유리창은 잘 보이게 닦거나 잘 안 보이게 선팅을 할 수 있으나, 마음의 창은 손댈 수가 없지요!

국민과 대통령의 마음의 창에는 언로라 하면서 서로의 의견을 존중하지요, 이번에 우리는 경제 대통령이라 하면서 어마어마한 표차로 당선 시켰으나, 배속까지 친일인 이완용은 나라를 일본에 받친 것처럼 뼛속까지 친미인, 다시 말하면 매국노인 그는 세계의 모든 나라가 30개월 미만의 소고기만 조심스럽게 수입하려 하는 때에 유일하게 우리나라만 미국의 축산 농가를 위해서 모든 소고기를 수입해 버렸지. 하여 촛불집회가 불같이 일어나 그는 항복하였지요. 그래도 안 지려고 그는 꾀를 부리며 국민과의 창의유리를 안 보이려 하기 위해 인터넷 통제, 민간사찰 명박산성, 유모차 끌고 데모한 부인을 검찰청 데려다 겁주고 방송국 사장을 자기 똘마니 시켰지요(2011년 유엔 보고서에는 언론통제국 순번에 북한이 꼴찌, 한국은 그 꼴찌로부터 13~15위, 즉 한국과 북한의 언론통제 즉 언론탄압 순위는 도찐개찐 즉 50보 100보이다 이거지). 〈나는 꼼수다〉의 진행자를 감방에 집어넣었으나 감추인 것이 드러나지 않음이 없음 같이 행님의 돈 긁어모은 것이나 나랏돈으로 부동산 투기한 것 등 대통령 비리 들이 모두 다 나타나기 시작하지요. 마음의 창은 아무리 안 보이게 하려, 또는 잘 보이게 하려 해도 절대로 안 되지요!

반면교사가 없던 싹쓸이 전○○ 대통령이나, 물 같은 노○○ 대통령은 비자금으로 2,000여억 원 모아 혼자 쓰려 감추어 두었다 감빵에 가게 되었지만, 부부가 총 맞아 죽은 진짜 군인인 박○○ 대통령은 남의 장학회 빼앗아 516 장학재단 만들어 거기다 더 보태 정수장학회 만들어 영남대학, 영남일보, 어린이 대공원 등을 소유하여 자식들이 잘 쓰고 있지요(영남일보는 전 대통령 박○○ 얘기 잘못 써 며칠 정간됨). 경제 대통령답게 박통의 수법을 배운 후 300억 원 내서 장학재단 만들었지요. 장학재단 최고 책임자는 사위로 정하고 여기에 큰 꼼수가 있지요. 출연금 300억 중 200억이 빚이라니. 좀 더 뽄때나게 1,000억 투자하지 빚이 900억이라면 더욱더 뽄때 났을…. 아무리 뽄때 부려도 마음의 창의 유리는 흐리게 할 수는 없지! 누구나 1,500억 내서 재단 만든다니 걱정….

요즈음 TV 선전을 보면 슈퍼에서 중학생이 미국산 소고인 'BEEF'를 들고 "엄마 우리 고기먹자!"하니 엄마 왈 "네가 찰스냐? 미국산 소고기 먹게! 너는 철수니 한우 먹자!" 라고 얘기 하도만. 해서 난 아닌 철수(A 철수)가 만일 이철수나 김철수였으면 두말 안 하고 거시기했을 텐데…. 철수가 아닌 A 철수니 덮어놓고 거시기하기가 참말로 뭐하당께….

이제 X 사장님과 한기웅 마음의 창의 유리를 한번 닦아 보시구려.

하면 한기웅이가 꽤 쓸만한 놈일꺼여(쓸만하지 않거던 마태복음 25장 40 '임금이 대답하여 가라사대 내가 진실로 너희에게 이르노니 너희가 여기 내 형제 중에 지극히 작은 자 하나에게 한 것이, 곧 내게 한 것이니라' 함과 같이). 내가 똑똑하거나 아니거나 심심하면 안 되니 자주 식사나 사라구 소주도 곁들여서….

설 지나면 더욱더 건강하시고 넉넉함으로 이웃에게 베푸시는 한 해가 되시기를 빕니다.

2012. 01. 16.
한기웅

X 사장님(중 늙은이)

어떻게 어떻게 하여 또 한 번의 더위가 찾아왔구려! 우린 지루하고 무더운 삼복더위만 생각한다면 지나기가 엄청 어렵겠지요. 하지만 현명하신 X 사장님께선 단풍이 곱고 풍성해질 가을 남정네들의 양기가 오르는 결실의 계절 가을을 생각하며 지난겨울의 혹한에 흰 눈을 밟으며 겨울 산 높은 곳에서 심호흡하던 상쾌한 그 기쁨, 흰 눈 위를 달리던 그 기쁨을 생각하다 보면 또 세월이 지나겠지요. 해서 우린 자꾸만 할아버지가 돼가고, 잔소리만 늘어가는 중늙은이가 되는가 보구려!

아무리 바쁘고 아무리 잘난 척 해봐도 우린 중늙은이일 뿐이고 지난날 보다 남은 날이 자꾸만 작아지는 어찌 보면 초라한 군상들일 뿐이지요.

자꾸만 초라해지고 왜소해지는 우리 처지만 생각지 말고 이번 6월에는 모두 모여 잔소리나 실컷 해보도록 합시다.

1996. 06. 14.

X 사장님 하나 더하기 하나

꿈 많은 고등학교 1학년 때이지요, 머리가 시원히 벗겨지신 기하 선생님이 처음 수업 시작하시며, "야 이놈들아 하나 더하기 하나가 몇이냐?" 우리가 소리를 맞추어 "둘이지요!" 하니 "뭐라고? 소주병 하나와 맥주병 하나를 딱 합치면 수백 개의 유리 조각이 되는데!"

다음 시간에 같은 질문을 하셨지요. "하나 더하기 하나가 몇이냐?" 우리가 "수백 개지요!"라고 하니 "뭐라고? 돼지 하나와 감자 하나를 더하니 돼지가 먹어버려 하나 뿐인데?"라고 시침을 떼 십니다. 대패로 잘 다듬은 긴 자로 손바닥 때리면 되게 아팠던 대수 선생님은 우리에게 묻습니다. "50이 크냐? 1이 크냐?" 우리가 "50이 큽니다." 하면 빙긋이 웃으시며 "50cm와 1km 중에 50cm가 크다고." 하시면서 수학이란 비교 개념으로 보아야 문제가 풀리며 절대적 개념으로 하면 안 된다고 우리에게 가르쳐 주셨지요!

정리하면 아무것도 모르면서 탱자탱자하는 것처럼 좀 말발이나 하는 덜된 인간이 하나 더하기 하나가 수백 개가 된다고 떠벌리고, 좀 둔하고 멍청한 놈은 하나 더하기 하나가 하나라고 말하지만(모두 다 틀린 말은 아니지.), 나 같이 사리 분별이 정확한 사람만이 하나 더하기 하나가 둘이라고 말할 수 있지요.

하나의 사실에 대하여 다른 여러 가지 생각을 할 수 있으며 그 생각들이 바른 생각을 지나 바르지 잃은 생각을 낳을 수 있으며 지금 바로 우리나라 돌아가는 꼴을 보면 수학 선생님들이 걱정하던 일이 일어나고 있구려! 다시 말하면 우리나라 전체가 빨갱이 세상이 되는 것 같구려! 종북이다 친북이다, 하면서 세상의 말세가 된 것 같구려! 새누리당의 비상 대책위원장도 종북하는 사람이 국회에 들어오면 안 된다고 떠벌리며…. 간첩이나 종북이면 신고해야지 인지하고도 신고하지 않으면 미신고로 국가보안법에 대한 위법이다. 어느 꼴통 변호사는 공중파 TV에 나와서 "김일성이가 개새기다."라고 얘기하지 않으니 종북이란다. 이○○이나 박○○는 언제 김일성 개새끼라 말했나? 허나 그들은 꼴통 변호사의 맘에 드니 종북이 아니고, 지 맘에 안 드는 통합 진보당 의원만 종북이란다.

만일 그네들이 진짜 종북이라면 떠들지만 말고 검찰에 고발하여 감방에 쳐넣으면 되고, 그렇지 않으면 검찰을 직무 유기로 처벌하면 되고, 이도 저도 아니면 종북이라고 떠드는 놈들을 모두 다 허위사실 유포로 쳐넣으면 세상이 조용해질 텐데 왜 그렇게 떠드는지? 떠드는 사람이 누군가 가만히 살펴보면 정○○을 빨갱이라고 아니 서울 박○○ 시장을 빨갱이라고 두드려 팬 여자는 정신 이상자로 밝혀졌지. 노○○ 조문 시설을 때려 업고 데모해대는 구국노인회의 노인들은 자기 아들과도 대화가 되지 않는 늙은 꼴통들이고, 지금도 떵떵거리며 살고 있는 유신의 퇴물들이 보태고 찌라시 수준의 조○○만이 떠들어대지, 정상적인 사람은 떠들지 않지. 즉 떠들지만 말고 종북이면 검찰에 고발하라고 세상 좀 조용하게 말이지! 지금 하는 꼴이 꼭 이승만이 공산당 아닌 정적 조봉암을 간첩으로 사형시키며, 박○○ 전○○이가 공산당과는 상관이 없는 학생들이나 반대파를 간첩으로 몰아 감빵 보내는 것과 어찌 그리 닮았는지. 하는 꼴이 세상이 몇십 년 전으로 되돌아가는 것 같아 어찌 떨떠름 하고만….

2012. 06. 19.

X 사장님 다윗과 골리앗

성경에 보면 다윗과 골리앗 이란 얘기가 나오지요! 사울왕 시절에 이스라엘의 적군에 골리앗이란 구척장신의 특출한 적장이 있어 이스라엘군대가 지리 멸멸하며 백전백패의 고난을 당하고 있었지요. 사울왕은 골리앗을 제압하는 장군에게 상을 내리기로 하였는데 그 상이 점점 커졌으며, 마지막에는 자기 딸을 준다고 약속했으나, 나서는 장군이 하나도 없었지요. 후에 다윗왕이 된 어린 다윗은 형들의 도시락 가져다주러 전장에 왔다 그 소리를 듣고 물매 돌 다섯 개를 들고 골리앗을 제압하지요. 물론 하나님의 믿음을 가지고서 말입니다.

재미있게 한번 생뚱맞은 생각을 한번 해보지요. 물매 돌로 소년 다윗이 골리앗을 물리친 그 자리에 만일 활의 명수 주몽이 있었다면, 물매돌 대신 화살로 골리앗을 처단했겠지요. 만일 삼국지의 관우가 있었다면 돌 대신 청룡도로 골리앗의 목을 떨어뜨렸겠지요. 혹여 능력 있고 재주 좋은 떳다방의 복덕방 사장이 있었다면 골리앗더러 너 지금 가서 강남아파트 두 채만 사면 마누라 다섯 얻을 수 있고 삼대까지 먹고살 수 있다고 꼬드겨서 싸우다 말고 아마 아파트 계약하러 갈 것이고만….

여하튼 다윗은 골리앗을 물리치기 위해서 물매 돌을 사용한 게 아니라 양을 잡아가는 사자와 늑대를 물리치기 위해 열심히 연습하고 실습한 거지요. 자기 일에 게으름 부리거나 딴청을 피웠으면 그런 결과를 이루지 못했겠지요! 하니 우리 모두 자기 일에 열심히 하여 제1인자가 되어 타의 추종을 불허한다면 나도 모르게 골리앗을 물리칠 수가 있겠지요. 하다못해 떳다방의 중계사도 할 수가 있다는 어거지가 나오지만 하면서도 아무리 일인자가 되어도 때가 맞지 않으면 쓸모가 없다는 얘기지요. 즉 물매 돌을 다윗보다 더 잘 던지는 자가 있었어도 골리앗이 없는 때는 다윗같이 히트를 칠 수가 없다 이거지요!

해서 제일인자는 다윗같이 힛트를 칠 수가 있다 이거지요. 예하면 사기의 달인 누구는 동국대 강의 동영상에 'BBK라는 새로운 사업을 시작했다'라는 얘기가 나왔으나 그 동영상에 '**나라는 주어가 없으니 나와는 상관이 없다**'라고 사기 치고 BBK는 내 것이 아니라 나와 상관이 없다(사기꾼 밑에서 사기친 건 모르는 척하며…) 하면 현대건설은 자기 것이 아니니 현대에서 경제를 배웠다는 말도 거짓말인가? 아니다 자기 것이 아닌 현대에서 경제를 배우고 자기 것이 아닌 BBK에서 상무로 사기를 배웠으나, BBK는 자기 것이 아니니 사기꾼이 아니라고 우기면서 우리나라 최고의 자리에 올라가더니 내려 올 때쯤 되니 인과응보의 원리대로, 형님 등 주위 제일의 공신들은 전부 다 사기 쳐 감빵에 들어가는구려! 전직 대통령들도 둘이나 대통령 퇴임 후 감방 들어 갔다고? 해서 우리 모두 일인자라도 사기의 일인자가 되면 절대로 안 되는 모양이구려!

해서 우리는 복덕방 할아버지를 하건 건축사 사무소를 하건 병원 의사를 하건 무엇을 하건 자기 일에(절대로 영양가 없는 허풍쟁이와 사기꾼은 빼고) 전념하여 자기 하는 일의 계통에서 일인자가 되면 지금엔 골리앗 같은 적장은 안 나타나겠지만, 다윗같이 히트를 쳐 공주(사울의 딸)를 하나 더 얻을 수 있으니 우리 열심히 일합시다. 해찰하지 말고 성실하게 말이지요.

2012. 07. 23.

X 사장님 귀신 씨나락 까먹는 소리

우리나라 옛말에 '귀신 씨 나락 까먹는 소리 하지 마라.'라는 소리가 있지요. 누가 주장하는 소리가 참이거나 아니거나를 따지지 않고, 자기의 정서에 맞지 않고 자기의 비위에 맞지 않으면 그렇게 말하지요! 성경에도 비슷한 얘기가 있지요. 누가복음 16장에서 보면 한 부자와 그 집 앞에서 걸식하던 나사로가 같이 저세상에 가서 부자가 지옥에서 지옥 불 중에 고통당하다 천국에서 시원하게 지내는 나사로를 보고 하나님께 나사로의 시원한 물 한 방울만 내 목을 축이게 해주시라 애원하지요. 하나님은 천국과 지옥은 넘을 수 없는 골이 있어 할 수가 없다 거절하니 부자는 다시 애절하게 애원하지요. 저 나사로를 내 형제에게 보내어 나쁜 짓 하지 않아 지옥에 오지 않게 해주시라고 하나 하나님은 말씀하시지요. "저세상에 있던 네가 나가 그들에게 진실을 말할지라도 그들은 듣지 않을 것이다." 즉 선지자들의 말을 듣지 않는 그들은 죽은 자 가운데 살아나가는 자들이 있어도 그들의 말을 듣지 않을 것이다라고 말씀하시지요. 즉 사실을 얘기해도 자기의 정서에 맞지 않고 자기 비위에 맞지 않으면 절대로 믿지 않는다는 얘기지요.

내가 친구들에게 한 20년 전부터 안부 편지를 보냈지요. 친구 중 누구는 광주, 반포, 불광동, 마포, 전주 등등에서 모은다는 친구들과 부인들이 있었지요. 처음에는 모든 친구에게 연하장을 보냈었는데 장모님 喪(상) 후에는 問喪(문상) 온 친구에게만, 우리 딸 결혼 후에는 결혼 賀客(하객)에게만 보냈지요. 허나 친구들이 편지 잘 받았다고 전화하고 문자 보내며 어떤 친구들은 비아냥거리며 비판적인 의견이 있는 듯 얘기하지요. 해서 내가 성경 누가복음 16장이 생각났지요. 아무리 바른 소리를 해도 자기 마음이 어느 한쪽으로 치우쳐 있으면 바른 소리 하는 선지자나 목사 한기웅 같은 사람의 소리는 믿지 않고 허상에 매달려 늙은 고집쟁이가 된다 이거지요! 우리 모두 고집쟁이가 되지 말고 바른 생각을 하기로 합시다.

산은 산이요 물은 물이로다

엊그제는 입춘인데 입춘이라면 바로 立春大吉(입춘대길)인데? 세상과 세월은 대통령 되기 위해 65세 이상 모든 노인에게 200,000원씩 준다고 꼭 찍어 약속하도만. 대통령 되니 취임하기도 전에 대통령 당선인이 언제 그런 말 했냐고 딱 잡아떼는 박○○의 대통령 인수위의 마음처럼 立春大吉(입춘대길)이 아닌 立春大雪(입춘대설)이 되고 말았구려! 입춘인 2013년 2월 4일에 서울에 눈이 13㎝가 내렸도만….

눈이 많이 와 길이 미끄럽고 날씨도 추워 집에서 웅크리고 창밖을 보니, 눈이 참 탐스럽게 내렸구려! 앙상한 가지에는 흰 눈이 탐스럽게 쌓여 있고 소나무나 잣나무 가지는 추운 날씨를 탓하는 듯 하얀 이불이 고즈넉이 덮혀있구려. 바닥은 하얀 눈으로 무척이나 청순하게만 느껴지는구려! 너무나 아름답고 황홀하여 지금까지는 이렇게 좋은걸 왜 보지 못했나 하는 아쉬운 생각이 자꾸만 드는구려!

라디오나 TV에서는 '눈꽃' 하면 한라산 지리산 속리산 설악산 등에서만 보는 것으로 난리를 치며 떠벌리나, 우리 집 창밖에서 보는 눈꽃이나 금강산에서 보는 눈꽃이나 다를 건 하나도 없지. 있다면 MASS(양)의 차이처럼 조금밖에 없는데 왜 그렇게 떠벌리는지? 월남의 하롱베이나 중국의 천산의 경치가 좋은 건 사실이나 우리나라의 동강이나 우리 집 옆 국립묘지의 동산이나 크게 다를 것은 하나도 없지…. 만일 그 유명한 하롱베이나 금강산 백두산에 가면 우리 같은 평범한 인간이 슈퍼맨이 되더지나 철학적 깨달음을 얻거나 신령한 능력을 받거나 병이 낫는다면, 우리는 천산이나 백두산의 화려함과 신령함을 믿어야 하나 그렇지 아니하니 돌아가신 대 스님의 말처럼 '산은 산이요 물은 물이로다'가 맞지. 단지 여행사나 방송국에서 시청률 높이고 장사하려는 얕은꾀로 떠드는 것을 부화뇌동하지 말며, 우린 깊이 생각하여 속지 말아야지!

TV 명곡의 고향에서 보면 베토벤이나 모차르트 바하 등의 고향은 아름다운 다뉴브나 라인강 숲이 우거진 古城(고성)이 아름다운 고성들을 비취며 이렇게 아름다운 고향에서 아름다운 음악이 탄생했다고 떠들지. 그러나 그렇게 아름다운 경치에서 좋은 음악이 나왔으면 베토벤 뒤에도 탄생한 양반들이 베토벤보다 더 이름다운 음악이 나왔다면 경치가 아름다운 음악을 만드는 데 일조했겠지…. 유명한 음악가 뒤에는 더 위대한 음악이 있는 게 아니고 유명한 음악가의 집을 관광 상품으로만…. 해서 아름다운 음악과 경치는 아무 상관관계가 없는 것 같고 孟母三遷(맹모삼천)이라고 하여 맹자를 키우기 위하여 세 번이나 환경을 바꾼 맹자 어머니는 경치나 대지의 정기를 받기 위하여 이사한 것이 아니고 단지 어울리는 주위 사람의 질을 바꾼 것뿐이지. 부자가 되거나 학자가 많이 나오는 혈이나 지형 경치 택지를 보고 이사한 건 아니지!

게으른 나에게 천국은 바로 우리 집이지. 마누라 비위 맞추려 청소하고 설거지하다, 고기 먹고 싶으면 "고기 먹자!" 하면 목살 사다 얼큰한 김치찌개 만들어 주고 너무 느끼할 땐 "오늘은 된장국 먹자!" 하면 아욱이나 시금치 사다 된장국 끓여 먹고 조금 기분이 안 좋아 소리 빽 지르면, 마누라가 그냥 가만히 양보하니…. 이게 바로 천국이지 경치 좋다고 세상 사람이 떠드는 금강산 백두산 하롱베이가 천국이 절대로 아니지?

하니 우리 X 사장님도 허망한 허상을 좇지 말고 즉 여행사의 꼬드김에 넘어가 없는 돈 만들어 유명한 관광지 둘러보고 자랑하는 헛똑

똑이 되지 말고 집에서 건강 지키며 마누라 비위나 확실히 맞추도록 하시게나….

2013. 02. 15.

신분 상승

2013년 2월 19일 TV와 라디오에서는 미국 대통령 버락 오바마가 빈민가의 저소득층의 고등학교에 가서 신분 상승을 하려면 열심히 공부해야 하고 미국 정부도 저소득층의 신분 상승을 위해 모든 노력을 할 것이라고 떠벌렸지. 그 바로 후에, 자기 얘기와는 정반대로 골프장에 가서 일반인 및 저소득층의 출입을 막고 희대의 바람둥이로 마누라와 이혼했다 재결합하려는 우즈 등과 같이 황제 골프를 즐겼다고 생난리들이니….

언제부터 우리나라에 상류사회가 있었단 말인가? 옛날엔 그저 양반과 상놈이 있어 보통 중산층이면서 가짜로 양반이라고 거드름을 피울 수 있었으나, 그 시기는 우리나라가 왕조에서 일제 식민시대를 거쳐 자유 민주주의가 막 뿌리를 내리려고 할 시기로 몰락해가는 양반들…. 즉 양반들이 진짜 양반이라고 거드름을 피울 계제가 아니었으니 누구나 다 가짜 양반 해도 이의를 달 사람이 없었고 산업구조라 해야 농지에서 나는 1차 산업인 농산물뿐이었으니 부자와 가난한 자의 차이가 별로 없었지…. 가난한 자와 부자의 차이가 별로 없으니 가난한 자도 허망하게나마 항상 부자를 앞지를 수 있다고 믿었지만….

강남스타일이 아닌 강남에서 순자가 빨간 바지를 입고 휘젓고 다닐 때부터 투기꾼들에게 돈이 몰리게 되었고 재벌들도 종잣돈이 모여 (아니 정치가들의 정치자금 얻기 쉽게 돈을 재벌들에게 무지무지한 돈을 모아 주어 자기의 정치자금을 재벌로부터 쉽게 받을 수 있게) 떼돈을 벌게 되었기. 떼돈 번 새력가들이 탁월한 지식이나 확고한 자기 철학이 없으니 돈으로 자기의 모자람을 커버하기 위해 천문학적으로 돈을 쓰게 되었고 평범한 중산층은 투기꾼들의 씀씀이를 보고는 자꾸만 초라해져 시나브로 빈민층으로 몰락해가고 있지만!

교회나 절들도 자기 수련이나 인격 증진을 위해 기도하는 게 아니라 대형 교회나 절 등이 시주 돈과 헌금을 모아 절이나 교회를 대궐같이 짓고 어마어마한 부를 자랑하며 그 큰 부를 세습으로 자식에게 물려주고 온갖 개 같은 잡일을 저지르는 종교가들도 평범한 시민들을 시납으로 초라하게 만들지요. 대형 교회의 담임목사나 주지 스님은 평범한 인간들은 사람으로 취급도 안 하고 재벌이나 대통령만 상대하지. 정치가들도 표를 얻기 위해 종교 지도자들을 하늘같이 떠받드니 평범한 인간은 더욱더 쥐구멍으로 들어갈 수밖에 없지요. 종교의 창시자인 예수님이나 석가모니는 대궐 같은 집을 짓지 않고 정치가와 타협하지 않았는데 말이지요….

무식하고 머리에 든 것 없는 돈 많은 투기꾼들이 돈 쓰는 건 할 수 있지만 그래도 확고한 철학이 있고 철저한 종교관이 있어야만 될 수 있는 종교 지도자들도 시주 돈이나 헌금이 모이면 서로서로 앞다투어 대형 종교시설을 짓고, 많은 신도를 빌미 삼아 선출직 정치가들에게 거드름을 피우며 접근하여 자기의 이권을 챙기지요. 불경은 내가 잘 모르지만, 성경에는 이런 얘기가 있지요! "내가 언제 예수님을 공궤하였으며, 언제 예수님이 목마를 때에 물을 드리지 않았습니까?"라고 말하니 예수님은 말씀하셨습니다. "여기 이 작은 자에게 한 것이, 바로 나에게 한 것이니라!"라고 말씀하셨지. 즉 저 쪽방촌에 있는 초라한 늙은이가 바로 예수님인데 대형 교회에 있는 유명한 목사들은 그 많은 헌금으로 예수님을 공궤하지 않고(쪽방촌 불쌍한 노인들) 가짜로 예수님의 이름을 빌려 많은 헌금을 받아 화려한 교회를 지을 수 있을까 하니 성경에 확실히 있는 예수님(쪽방촌 불쌍한 이들)을 전혀 모른 체한 유명하고 화려한 대형 교회의 목사들은 죽으면 바로 지옥에 떨어질 수밖에 없지. 하니 대형 종교시설의 지도자나 뭣도 모르는 대형 교회 교인들도 줄줄이 지옥에 떨어질 수밖에 없는 인간들이지!

신분 상승을 오바마가 얘기한 대로 아니 매스컴들이 주장한 대로 하기 위해서는 피나는 싸움과 상대편을 무지막지하게 눌러서 내가 이겨야 하지만…. 신분 상승을 예수님의 생각처럼 더불어 살아가며 저 소득층을(자기보다 조금 못한 사람) 이끌어 서로 같이 잘 살아가는 것을 신분 상승으로 생각해 본다면 우리의 삶은 확 달라지지. 즉 성경에서 예수님이 말씀하신 '저기 저 작은 자에게 한 것이, 바로 나에게 한 것이니라.'처럼 한다면 세상은 참 좋은 세상이 될 수밖에 없지요.

2013. 03. 06.

삼식이

우리는 흔히 정년퇴직한 힘없는 가장들에게 좀 비하는 말로 하루에 세 끼를 집에서 해결한다고 三食(삼식)이라고들 하지요!

별 볼 일 없는 부인들도 유행에 따라 자기 남편에게 세끼 밥 차려 주는 것 때문에 삼식이가 집에 있어서 무슨 대단한 큰일을 못 하는 것처럼 으스대지요! 너무 한심하지요. 요즈음 TV에서 보면, 암 걸린 남편을 살리기 위해 산으로 들로 뛰어다니며 산나물을 구해 남편의 암이 호전되었다는 얘기는 소설가가 지어낸 얘기가 아니며 실제 이야기이지요. 삼식이 삼식이 하며 자기 남편을 비하하는 부인들을 보면서 그녀들이 무슨 커다란 대외 활동을 하는 것도 아니요, 그렇다고 음식을 특별나게 잘하는 것도 아니요, 그저 게을러서 멍청하게 TV나 보는 할 일 없고 보잘것없는 부인들일수록 불평들만 하지요.

무슨 일을 한다는 건 그 일이 좋아야 하지요. 음악가는 음악이 좋아야 하며, 미술가는 그리기를 좋아해야 미술가가 될 수 있지요. 나도 고등학교 시절에 수학을 좀 잘했지요. 문제 풀어 답을 내는 게 그렇게 좋았지요. 해서 나는 공식을 잘 외지 못해도 필요할 때 그때그때 공식을 만들어서 풀었지요. 푼 다음 그 기쁨은 풀어 보지 못한 사람은 잘 알지 못하지요. 우리 고등학교 기하 선생님은 머리가 시원하게 거시기한 선생님이 계셨지요. 그 선생님은 우리에게 "야 이놈들아, 수학은 책상에 앉아서만 하는 게 아니고 시간 날 때 아무 데서나 하는 거다."라는 알 수 없는 말씀을 하시어 나는 학교 끝나고 학원가며 한 30~40분 걸리는 통학 거리에서 처음엔 기하 문제만 서너 개 메모해 학원 가며 풀었지요. 처음엔 잘 안 풀렸으나, 한 두어 번 해보니 쏠쏠히 풀려 다음부터는 대여섯 문제 메모해서 학원 오가며 기하 문제 풀고 나중에는 대수 문제도 풀었지요. 음식을 만들거나 밥하는 것도, 모든 사람이 맛있다고 하면서 칭찬하면 고된 줄도 모르고 즐겁게 만들 수 있지요. 남편의 암을 호전시키기 위해 들나물을 채취하려 산과 들로 뛰는 부인들 귀찮다고 투정할 여유는 없지요.

새 소리

 이제 연말이 되니 공기가 시원하고 하늘이 높고 숲속에서 지저귀는 새소리가 유난히도 크게 들리는구려! 하면서 저 아름답게 지저귀는 새들은 지난여름 풍성하게 잔치한 벌레들을 생각함인가 아니면 추운 겨울의 먹이가 없음을 걱정하는 것인지? 아니면 내가 너무 근사하고 잘났음을 얘기하는지 아니면 나의 못남을 흉보는지? 도대체 알 수가 없으나 우린 새소리를 모르니 아무 행동도 취하지 않고 그냥 지나치지요.

 지하철에서 근사한 미국 아가씨들이 나를 보면서 은근한 미소를 보이며 서로 미국말로 얘기하니 난 무슨 말인지 알 수가 없지요. 내가 멋지게 생겼다는 얘기인가? 아님 나의 못남을 얘기하는지? 도대체 감을 잡을 수가 없으나 미국말을 못 알아들으니 우린 그저 멍청하고 멍하니 그 자리를 뜰 수밖에….

허나 우린 골통 보수의 말도 안 되는 논리, 진보들의 허황한 외침에 대하여 새들의 아름다운 지저귐 같이 아니 외국 아가씨의 알아들을 수 없는 꼬부랑 얘기로 그냥 지나쳐 버리면 조용할 텐데. 우린 그리하지 못하고 그만 된통 화를 내고 마는구려!

보수 골통들은 NNL이 무슨 우리나라 땅을 이북에 내주는 것처럼 호들갑을 떨지만, 다시 말하면 NNL이 이북에선 좋아하고 우리나라는 손해 보고 하는 것 같지만 이북에서 좋다고 한마디도 안 하지. 오지 좋다고 밀하는 선 새누리당에서만 좋아서 이용하려고(민주당 죽이려고) 난리지. 연평도 포격 사건(처음 두 시간 포격 두 시간 휴식 후 또 두 시간 포격)에서 새누리당의 거시기인 대통령 및 장관들은 싸우러 현장에 가지 않고 포 맞아 죽을까 봐 벙커에 숨어서 회의했다지요. 무슨 회의 했나? 땅 투기한 땅값 걱정했나? 아니면 집에 사둔 비상식량 할 쌀의 과다에 대하여 자랑했나 결과는 하나도 없어….

우리나라 고위 공직자들은 우리나라 지키는 건 안중에 전혀 없어 나라가 망하든 말든, 망하면 외국으로 나가려고 아들이 16명이나 외국 국적을 가졌다지요. 그네들의 관심은 오직 정권의 쟁탈이지요. 해서 이북도 좋아하지 않고 어부들도 관심이 없는 NNL을 무척 좋아하고 주권국가인 우리나라에서 이북이 포격하겠다는 공갈에 이북으로 삐라 뿌리는 것도 맘대로 못 히게 하는 국지 포격전은 이북도 좋아 자주 이용하고 우리나라 지역 주민도 떠는 국지 포격전에는, 국무 위원들은 싸우러 가지 않고 자기들만 살기 위해 바로 벙커행이라니….

해서 골통 보수나 급진 진보가 떠드는 소리를 숲속의 새소리나 지하철의 외국인의 떠드는 소리라 생각하며 간섭하지 말고 오직 기웅이에게 소주 사주어 한기웅이가 소주 먹고 떠드는 주옥같은 소리만 경청하면 세상이 즐겁다나!

2013. 10. 09.

46 Bali

 2013년 10월 24일에 4박 5일 발리에 갔다 왔지요. 아들 그리고 딸과 박서방이 아버지 칠순이라고 해외여행을 시켜주었지요!

 딸이 서둘러서 계획한 일이나 여하튼 여행 한번 잘하였지요. 우리 식구와 큰이모까지 합하여 7인이 다녀왔지요. 무척이나 더웠고 잘 놀다 왔지요. 바리는 상당히 큰 휴양지로 한 끼에 먹는 인원이 약 4~5백 명은 됨직 하더군요. 식당이 다섯 군데 정도며 한 군데에 약 5~6십 명은 들어가니 회전을 생각하면 그 정도의 인원은 될 것 같으며, 일본 사람, 중국 사람, 한국 사람 유럽 사람들이 꽤 많더군요. 한 40~50 되어 보이는 미국 사람 같은 부인은 내가 안고 있는 우리 하○이 보더니 쫓아와서 "very beautiful." 여러 번 얘기해 주더군….

 24시간 개방된 수영장 옆 오픈바는 항상 무료 음료를 제공하면서 영어 못하는 우리는 사이다(못 알아듣더군.) 콜라 시켜 먹고 영어 잘하는 양키 애들은 우리보다 늦게 와도 먼저 뭐라 씨부렁거리면 두말없이 서비스받고 히더군. 그 많은 사람 중, 수영장에서 수영하는 사람 중에 제대로 수영법을 아는 사람이 하나도 없다는 거라 오리발을 가지고 수영장에 들어오는 사람은 있어도 수영장을 한 바퀴 도는 사람이 하나도 없다는 거라(허기야 우리나라 수영장도 마찬가지이지만), 제대로 수영해서 끝에서 끝까지 표준 수영법으로 가는 사람이 하나도 없어서 나하고 내 마누라만 몇 바퀴 돌았지.

PS:
발리에서나 서울에서 나는 손녀를 업고 다닐 땐 손녀의 등과 내 배가 밀착되게, 즉 캥거루 같이 안고 다녔지요. 발리에서 손녀를 안고 가는데 한 40대 후반쯤 되는 외국 부인이 지나가며 웃는 낯으로 "very beautiful pretty."라 하여 난 엉겁결에 "thank you."라고 했지요.

2019. 04. 22.

우리 손녀가 중앙대 병원에 입원하여 내가 안고 복도를 지나다니면 간호사들이 전부 인사하여 그냥 그러는 가부다 하였고, 병원 1층 로비에서 외손녀를 안고 있는데 지나가는 10분 중 7~8분의 여성분

들이 "예쁘다.", "귀엽다.", "어머 애기가 왜 이렇게 예뻐.", "네 눈이 나를 빨아들인다."라고 하여….

2013. 11. 05.

마귀 사탄

우리는 흔히 마귀 사탄이라면 우리와는 다른 모양이며, 머리에 뿔이 달린 보통 사람과는 다른 형태라 생각하기 쉬우나, 그렇지 않지요. 마귀 사탄은 아주 우리와 똑같지요. 예수를 팔아먹은 유다는 예수님과 같이 생활한 12제자 중 하나였으며, 예수를 십자가에 달자고 빌라도에게 고래고래 고함친 사람들은 is 대원이나 이슬람교도나 불교도가 아니라 제사장(지금의 목사)들이었지요. 해서 성경에는 항상 깨어서 회개기도 하라고 한 것이 바로 우리가 마귀 짓을 하여서 마귀가 됨을 방지하기 위하여, 즉 마귀가 됨을 방지하기 위하여 항상 깨어 회개기도 하라고 하는 것이지요.

우리 애가 초등학교 1학년 때쯤, 직장에서 그만두고 형편이 말이 아니게 곤란할 때지요. 조용기 목사님이 하시는 여의도 순복음 교회에 다닐 때기도 하지요.

여의도 순복음 교회의 장로이며 금요 철야 기도회에서 간증도 하여 평신도인 내가 보기에는 아주 믿음이 좋은 장로로 생각하여, 안면 신경 마비로 입이 바르지 못한 우리 아이의 아픈 원인이 혹시 충치의 영향이 아닐까 의심했지요. 하여 서대문 미동초등학교 근방에서 아주 어두운 굴속 같은 건물에서 치과를 하는 금요 철야 예배여서 간증한 L 장로를 찾아가 아이의 안면 마비의 상태를 얘기하였지요. 그 아픈 원인이 혹시 충치가 아닌가 하고 치료를 부탁하였던바, 나는 기도하고 치료를 할 줄 생각하였으나, 아픈 충치만을 치료하여 기도하시고 치료해 수시라 부탁하였지요. 그랬더니 장로 왈 충치 치료하면 안면 마비가 풀릴 거고 만일 풀리지 않으면 철 가면 같은 형틀로 잡아주면 나을 수 있다고(지금 생각하면 이건 완전히 사기지만) 하면서, 아픈 충치 말고 다른 치과에서 치료한 충치도 다 다시 하자고 하여, 그때 한 15,000원이면 다 될 치료를 100,000여만 원 들게 치료했지요. 형편이 어려운 저는 상당히 힘들었으나, 어찌 어찌하여 지금까지 하나님이 버텨 주셨지요. 금요 철야 예배에서 간증한 믿음 좋은 장로도 바로 욕심으로, 말도 안 되는 거짓인 사실을 행하면 그게 바로 마귀 사탄이지요.

X 사장님 계절의 여왕 5월이라지요!

건강하시고 안녕하시지요! 때는 계절의 여왕이란 5월이 군요. 천지는 생동감에 젖어 있고 날씨는 쾌적하고 온화하여 따뜻한 양지에서 졸기가 참 좋은 세월이군요. 청소년들은 터질 것 같은 젊음으로 사랑을 얘기하며, 계절의 여왕인 5월을 즐기는데….

하도 계절의 여왕이라고 떠들어 대서, 왕에 대하여 한번 생각해 보았지요. 모든 왕은 왕이 되기 위해선, 정변을 일으켜 반대파를 숙청하였거나 선왕의 적통을 이은 왕자와 공주로 태어났거나 해야만 왕이 될 수 있었지요. 역사적으로 아무리 뒤져 보아도 계절의 여왕 5월이 정변을 일으켰다거나 왕인 세종대왕의 딸이거나 문무대왕의 딸이란 소리가 하나도 없는데 왜 계절의 여왕이 되었나를 연구해 보니….

계절의 여왕 5월은 왕의 적통을 이은 공주도 아니요, 정변을 일으켜 왕위를 빼앗은 혁명가도 아니나, 많은 사람들이 그렇게 주저리니

(膾炙:회자) 그냥 계절의 여왕이 된 거지요.

우리도 이제 70을 넘어, 손자 보아주다 조금 잘못하면 며느리, 딸에게서 핀잔이나 듣고 할 일 없이 식사나 축내는 노인, 즉 뒷방으로 밀려난 할머니 할아버지 신세이지요. 그러나 우리도 힘을 합하여 신분 상승을 한번 해봅시다. 5월이 많은 사람의 입에서 회자(膾炙)되어 계절의 여왕으로 신분 상승한 것처럼 우리 서로가 사모님, 여사님, 사장님, 회장님이라고 서로서로 높여 부르면 지하철 옆에 탄 분들이 "진짜 사모님인가보다, 진짜 사장님인가보다." 착각하다 손자 손녀가 "우리 할머닌 여사님이야, 우리 할아버진 사장님이야." **하면 바로** 신분 상승이 되는 거니. 이제 우리 모여 서로가 X 사장님이라 높여주면서 5월처럼 바로 신분 상승이 될 테니 말이지요.

PS:
모임에 안 나온 분은 영원한 뒷방 늙은이랑만?

2015. 05. 10
회장 한기웅

아스팔트에 쌓인 고운 낙엽

무척이나 곱던 가을 단풍이 시납으로 떨어지더니 시름없이 벌써 한 해가 저무는군요! X 사장님 벌써 우리가 한 살을 더 먹었구려! 노년의 세월은 화살같이 빠른 것만 같구려! 빠른 세월 탓만 하지 말고, 우리 한 살을 더 먹기 전에 만나 며느리 자랑 사위 자랑 좀 해봅시다.

'닭의 모가지를 비틀어도 새벽은 온다.'라고 절규하시던 YS ○○씨도 지나는 세월은 이기지 못하고 하늘나라에 가셨구려. 독재자와 싸우는 민주 투사를 볼 수 없게 되었네요. 재벌이 죽으면 자식들이 재산 가지고 泥田鬪狗(이전투구)하도만. 큰 별이 지니, 생뚱맞게 엉뚱한 아들과 제자가 나타나니 아리송 하구만!

경향신문인가? 어데서 보니, 김○○(YS의 아들)이가 트위터에서 1년에 한 번 연초에 찾아오고 문병도 한번 안 한 분들이 정치적 아들이네, 정치적 제자네 하는 게 부담스럽다고 하는 것 같도만. 신문 논조에서 보니 1년에 한 번 찾아뵈어도 ○○씨와 같은 노선인 독재자와 싸우고 민주화를 위해 투쟁한다면, 아들이네 제자네 할 수 있어도…. 독재자에 빌붙어 권력만 추구하는 사람들이 아들이네 제자네 하는 게 재벌이 재산 싸움하는 것보다 더 추하다는 거지.

어쩌거나 고운 낙엽이 아스팔트 위에 수북이 쌓였네요, 우리의 욕심이나 바람, 헛된 욕망이 이루어지지 않고 나의 마음에 수북이 쌓여 있는 것처럼, 우리보다 더 큰 사람인 ○○씨도 세월은 이기지 못한 것처럼 X 사징님 우티도 세월은 이시기 못할 커니 우리 모두 하늘나라 가기 전에, 아스팔트 위에 쌓인 낙엽보다 더 많은 마음의 욕망과 욕심 불평등을 다 털어 버리고, 우리 서로 만나 부담 없는 며느리 자랑 사위 자랑 한번 신나게 해봅시다.

많은 참석 바라며 우리 동창은 모두 데려와도 됨(동산촌에 있는 동창도 대환영).

2015. 11. 27.
회장 한기웅 드림

판사와 검사

 지하철 에스컬레이터에서 가운데 서 있는 여자분 조금 밀치고 먼저 가려다, 그 여자분이 경찰에 고소하여 폭행 사건으로 벌금 70만 원을 내고서 잊고 있었던 내가 옛날에 당한 일에 대하여 한번 생각해 보았다(그전까지는 전혀 생각지 않았으니, 벌금 문후 갑자기 생각이 났다. 물론 전체 판검사에 관한 얘기는 아니며). 내가 당한 특별한 사건에 대하여 한번 생각해 보았다. 흔히들 사법부는 공정하다며 사법부 건물 문 앞에 공정한 저울추를 두고 자기네들이 약자들의 억울함을 풀어주기 위해 공정한 재판을 한다고 으스대나 내가 경험한 바, 그들은 상식적이지도 않고 원리 원칙도 없으며 전혀 과학적이지도 않고 오직 자기들만의 리그, 즉 법꾸라지들의 놀이터요, 법꾸라지들의 돈벌이 수단일 뿐 아무것도 아니다.

 허기야 그들(판사, 검사)은 육법전서만 달달 외어 고시에 합격하였으니 삶의 철학도 없고, 과학이 무엇인지도 모르고, 주위에서 영감님 영감님하고 아첨들 하니 자기들이 최고인 줄 착각하는 못된 얼간이들일 뿐이다.

사건의 전개

옛날에 내가 목포에 있는 모 부대 소속의 체육관을 설계하였다. 마루를 납작 마루로 하여 이중 판자 마루로 하고, 사용자들의 관절보호 차원에서 바닥의 콘크리트와 나무 사이에 두께 2cm의 방진고무(충격을 완화 시킬 목적)를 사방 1~2m 간격으로 바닥 전체에 시공하게 하였는데 완공 후 1~2년 후 지붕 누수공사 보강 용접공사 중 불이 나서 소화수로 바닥을 온통 적신 후 소화하였다. 즉 바닥 마루가 온통 물에 잠겼는데, 재시공하며 마루의 판자를 다 제거 후 재시공 하여야 했다. 그러나 공사비를 줄이기 위해 세상에 없는 시공법 즉 겉 판재만 제거 후 물에 흠뻑 젖은 바닥 판재는 열풍기로 건조 후(말도 안 되는 시공법) 겉 판재만 새 판재로 시공하여 1년 후 바닥이 부식되어 군부대와 시공자 간에 법적 다툼이 시작되었다. 여기서 중요한 것은 시공자의 변호사가 전직 목포 판사(즉 전관예우를 받는 사람이라고 의심할 수 있음) 1차 감정한 건축사는 전직 광주지법 영선계 출신이었다.

모 부대와 시공자 간에 다툼에서 1차 감정을 하였는데, 결과가 설계 잘못이라고 하여, 모 부대에서 설계한 나를 재판에 끌어들였는데, 1차 감정서를 보니 설계도면과는 전혀 다른 설계도서를 가지고 설계 잘못이라고 결론을 내려서, 즉 환기가 안 되어 콘크리트 바닥에 결로가 발생하여 그 물이 바닥에 연결된 목재를 타고 올라와 바닥이 부식되었다. 허나 설계도 및 현장에는 바닥과 마루 사이에 2cm의 방진고무가 있어 바닥의 물이 있을 수가 없지만, 만약 결로가 있다 하더라도 두께 2cm의 방진고무가 있어 습기(물기)가 올라 올 수가 없으며 이는 분명한 허위 감정이다. 1차 감정서에는 2cm의 방진고무가 빠진 1차 감정인의 임의로 설계도서와 전혀 다르게 감정인 마음대로 설계도서를 위조하고 또한 현장도 자기 마음대로 실제 시공된 현장과 다르게 자기 마음대로 조작하여 설계 잘못이라고 현장 시공과도 전혀 다르게 감정하며 엉터리 주장을 하였다. 내가 재판부에 강력하게 얘기하여 재감정하게 되었으며, 검찰에 허위 감정이라고 고소하였다. 검찰에서 출두하라 하여 검찰청에 가서, 간이 벽 사이에서 말소리가 들리는데 바닥에 물이(1차 감정인이 주장하는 결로) 비니루만 있어도 올라올 수 없는데, 2cm의 방진고무가 있는데 어찌 올라 올 수가 있냐고 다그치고 있는 걸 보니 내 사건의 담당자들 같더라구. 다시 말하면 검찰도 1차 감정이 엉터리라는 것을 알고 있었다고 생각 하나, 결론은 상식적이고 과학적 근거와 사실을 무시하고 무혐의 처리되었다. 그 공사의 하자의 원인은 건물의 상부에 불이 나서 소화수로 바닥이 완전히 침수된 후 공사비를 아끼기 위해 상부 판재는 걷어 낸 것이었다. 이중 마루의 하부 판재가 물에 완전히 침수된 것을 환풍기로 며칠 말린 후 침수됐던 초벌 판재 위에 마감 판재를 시공했으니 하자가 발생할 수밖에….

재판부도 1차 감정이 설계도서와 다른 감정으로 잘못되었음을 인지하였으나 즉 설계가 잘못이 아님을 알 수 있었으나, 재판을 30회(약 3년을 끌며) 한 후 강제 조정을 하여 군부대 40%, 시공자 40%, 설계자 20%씩 부담하라 했다. 나는 잘못이 없으니 대법원까지 간다 하니 판결 하루 전날에 전화로 판사(진짜 판사인지 다른 관계자인지는 확인 못 함)라 하면서 강제 조정에 동의하지 않으면 나에게 80% 배상을 물리겠다고 엄포 공갈까지 하여, 나는 대법원까지 간다고 강력히 말하였다. 판결을 30일 후로 미루었고 시공자나 모 부대는 받아들였고 나만 받아들이지 않아 나와 모 부대 사이의 소송만 남으니, 재판부는 전관 예우할 사람이(시공자의 변호인) 빠지니 바로 판결했다. 감리 잘못이니 설계자는 무혐의라고, 다시 말하면 재판부도 알고 있었다 이 말이다(감리 잘못으로 하자가 발생했다면 강제 조정에서 시공자가 부담한 40%는 완전히 엉터리니 판사가 책임져야 한다.).

모든 공사에서 간단히 감리 잘못이고 하는 것은 말이 안 되지. 그러면 모든 공사 준공시 하자보수 보험을 다 드는데, 감리만 철저히 하면 건물의 하자는 생길 수가 없으며 건물의 하자는 모두 감리 잘못이니 하자 보수항목(법에 있음)은, 즉 필요 없는 걸(하자 보수) 법에서 만든 거지. 즉 법원의 판단은 법에 안 맞는 거지(건축물의 하자가 모두 감리가 다 책임질 수는 없지. 간단하게 감리만 철저히 하면 건물의 하자는 절대 있을 수가 없지.). 법원은 서민이나 약자들의 최후 매달릴 곳이라 하지만, 법원은 사실이나 과학과 원리 원칙이 통하지 않는 법꾸라지들의 놀이터이며 법꾸라지들의 치부의 수단이고, 약자들은 시간 낭비 돈 낭비의 하는 곳이 바로 법원이지.

다시 한번 정리해 보면 체육관 바닥이 썩어 시공자와 모 부대 간에 송사가 발생하여 그 원인을 찾기 위해 1차 감정을 하였고 1차 감정 결과가 '환기가 안 되어 콘크리트 바닥에 결로가 생겨 물이 목재를 타고 올라와 바닥이 썩었으니 설계 잘못.'이라 하였다. 모 부대에서 1차 감정서 결과로 설계자에게 손해배상 청구를 하였는데(사실은 설계도서도 완전히 조작하고, 현장과도 전혀 다르게 감정하여) 설계자가 2차 감정하여 콘크리트 바닥과 목재, 마루 사이에는 두께 2cm의 방진고무가 있어 결로가 있다 하더라도 목재, 마루로 못 올라오니(2cm의 방진고무 때문에) 당연히 설계자는 하자와는 아무 상관이 없다. 즉 상식적으로 설계자는 이 재판과는 아무 관계가 없어야 하는데, 본인이 생각하기로는 전관예우를 해줘야 하는 변호사가 있는 시공자를 봐주기 위해 아무 상관이 없는 설계자를 끌어들이고, 사실을 알고도 설계자에게 20%의 강제 조정을 한 것만 같다 이 말이다. 왜 시공자가 떨어지니 30번이나 하던 재판을 바로 끝내냐? 재판부도 다 상식적으로 알고 있었으며, 누구를 위해서 3년이나 죄 없는 설계자를 가지고 놀았냐? 참 한심하다 이 말이다.

여기서 한번 생각해 볼 수 있는 것은, 고등학교인가 중학교의 과학 교과서에 '환기가 안 되는 곳에서 결로가 발생하여 건물에 부식이 일어날 수 있다.'라는 구절이 있으며 그 과학에 반하는 그 구절에 의해서 본인이 쌩 고생을 한 것 같아, 그 문제에 대하여 한번 생각해 본다. 환기와 결로는 전혀 상관이 없는데, 교과서 만드는 선생님들은 엉터리 이론을 모든 학생에게 가르쳐서 세상에서 필요 없는, 아니 커다란 잘못을 만들고 있다.

결로란 물체의 온도가 대기의 온도보다 3℃ 이상 차이가 날 경우 생기며 환기가 안 되는 곳에선 공기 중의 습기가 한 번만 결로 현상이 일어나 그 양이 미미하나, 환기가 잘되는 곳에서는 결로가 여러 번 일어나 결로 수의 양이 많아지는 것이다. 가을에 생기는 이슬이 바로 결로(이슬이 생기는 곳은 환기가 안 되는 곳이 아니고 환기가 잘 되는 탁 트인 외부 공간이다.)이며, 옛날에 신문에 토픽으로 남미의 어느 국가에서 비가 오지 않으나 대서양에서 습한 공기가 많이 불어오니 산맥의 산 위에 금속 그물망을 높이 설치하여 산맥을 지나는 습한 공기 바람에서 결로를 많이 채집하여 식물을 키운다는 기사를 본 기억이 난다. 이는 환기가 잘 되면 결로의 양이 많아짐을 얘기하나, 우리 교과서엔 반대로 쓰여 있어 엉터리 감정서와 엉터리 생각을 만들어 사실을 주장하는데 무척 힘들게 하니, 그이론 환기가 안 되는 곳에서 결로가 많이 생긴다는 엉터리 이론을 빨리 과학에 맞는 이론으로 바꾸어야 합니다. 이는 아주 간단한 시험으로 증명할 수가 있다. 냉장고에 생수병을 얼려 대기 중에 내놓으면, 환기가 아주 잘 되어 결로 현상에 의해 병 표면에 많은 물기(결로)가 생긴다. 그 얼음 생수병을 환기가 안 되게, 비니루 봉지로 완전 밀폐해 두었다(환기가 안 되게), 꺼내어 표면을 만져보면 습기가 안 묻는다. 이는 환기가 안 되면 결로 수가 적어 표면에 습기가 나타나지 않음을 얘기한다. 즉 환기가 안 되면 결로가 일어나지 않는 것이다(교과서에 있는 이론과 정 반대).

아니 몇 개 더 재미있는 얘기를 해보지요.

다른 하나는, 2차 감정을 하여 본인이 승소하게 되어 선납한 감정비를 광주 고등법원에 신청하였지요. 언제쯤 감정비가 나오냐 하니, 약 한 달 정도면 나올 거라 하여 한 달이 훨씬 지난 후 감리비가 입금되지 않아 광주고법에 전화하니 담당자 왈 "지금 군청 직원 월급도 못주는 아주 국가 경제가 안 좋으니(그때는 지방 경제가 안 좋아 직원들 봉급이 밀렸음) 경제가 좋아질 때까지 참으라."라고 말도 안 되는 소리를 하여 내가 알았다고 하면서 그러면 청와대를 잡겠다고 뻥치니(나는 청와대를 어떻게 잡는지 전혀 모름) 바로 그 즉시 입금 하였도만. 아니 고등법원 계정하고 군 계정이 확실히 구별되는 전혀 상관이 없는데? 어데다 엉터리로 말하니 침 일칙이 없도만…. 쉬쇼리만 한 권력을 가졌다고 어데서 뻥치는 거야.

언젠가 정읍에서 재판을 하는데, 재판 시간이 오후 2시인가 2시 30분인가 정확지는 않지만, 하여튼 오후 재판의 중간쯤인 것으로 생각되는데 본인 재판 순서가 되니, 판사가 갑자기 재판을 마지막으로 연기하자고 하여(판사는 상대방 변호사의 얼굴을 알아 변호사가 법정에 없으니 재판을 연기하자 한 것 같았음.) 본인은 무엇인지도 모르고 하염없이 기다렸다. 다른 재판이 다 끝나고 재판부와 본인만이 남아있어 이제 재판하는가 보다 했더니, 판사가 핸드폰을 서기에게 주며 뭐라고 얘기하니 서기가 핸드폰을 들고 밖으로 나갔다 왔다. 그 후 판사에게 얘기하길, "정읍 재판을 전주 재판인 것으로 착각하여 전주로 갔다."라고 말하니,

즉 내 상대 변호사가 정읍재판을 전주 재판으로 오인하여 전주로 갔다 이거다(그 판사와 변호사는 사법 연수원 동기라고 하는 말을 얼핏 들음). 상대 변호사가 전주로 가거나 말거나 재판은 하는 것이 정상인데, 서기로부터 그 소리를 듣더니 바로 그 재판을 한 달 후로 연기했다. 상식적인 사람이었다면, 연기하려면 2시에 바로 연기하던지, 몰상식하게도 상대를 두세 시간 기다리게 한 후에 젊디젊은 판사라는 자가 나이 먹는 나에게 양해도 구하지 않고, 완전히 엿장사 맘대로 연기해서 하도 약올라 변호사 친구에게 그 말을 하고 판사 기피 신청을 할까 했다. 그랬더니 변호사가 그보다도 더한 일이 많아 그런 것 가지고는, 판사 기피가 받아들여지지 않을 테니 그냥 재판받으라고 한다.

카톡 세상 01

이제 세상이 많이 바뀌었지요.

며칠 전만 해도 친구에게 문안 편지할 땐, 메일 머지로 친구의 이름, 호칭 등을 넣어 문장을 만들고, 봉투 다시 만들어 내용과 매치하며 봉투에 편지지 담았지요.

헌데 지금은 카톡으로 간단히 보내면 됩니다.

일일이 개인 성함이 안 들어가 좀 산만한 감은 있으나….

카톡으로 보낸 글   2018. 10. 22.

가을이 곱네요.

하지만 색깔도 여러 가지네요.

우린 많은 세월 지났으나

가을 색깔처럼

여러 다른 방향의 삶을 살았지요.

이제 마지막이니

할 수 있는 데까지 서로 잘하며

잘 살아 봅시다.

우리 서로 양보하며

친구끼리 소곤소곤 다정히

모나지 않게 말이지요.

항상 건강하시고

넉넉하시고

더하길 모든 가족 모두

행복하시길 하나님께 빕니다.

한기웅 드림

카톡으로 보낸 쪽지　　　　　　　　2018. 12. 10.

오뉴월의

이글거리는

붉은 태양과

푸른 숲은

고소하고

깨가 쏟아지는

달콤한 밀월을 즐겼다지요.

가끔 시원하게 쏟아지던 소나기가

달콤한 밀월을 방해했다지만

삼복더위의 긴 긴 날을 다

방해하진 못했다지요.

이제

시원한

가을바람과 함께

마음을 다른 애인에게 빼앗긴 태양은

자꾸만 낮 길이를 짧게 하며

달콤한 밀월을 멀리하니

깜짝 놀란 푸른 숲

간청하고 애원하고 으박질러도 보았으나

매정한 태양은 들은 척도 안 하니

푸른 숲 화가나

나도 태양처럼 할 수 있다고

큰소리치며

자기 몸을 불태워

태양처럼

밝은 빛과 열기를 발산하려 하였으나

허나

붉고 노란 단풍으로

태양처럼 밝은 빛은 낼 수 있었으나

태양처럼 뜨거운 열기를 발하지 못하고

빛 고운 단풍이 되어

차디찬 바닥에

단풍 이불을 덮어

내년에 푸르름을 자랑할

씨앗들을 차디찬 북풍으로부터 보호하는구려.

이제 우리도

젊음의 패기, 열정, 용기를 가지고

겁 없이 세상과 좋은 세월을 가졌으나

이제 시간이 흘러

단풍 신세가 된 우리.

새해에는

옛날 같이 일 저지르지 말고

친구와 구시렁구시렁하며

귀여운 손자와 건전한 말동무가 되기 위해

건강들 열심히 챙깁시다.

         낙엽같이 고운 빛 발하는
            한기웅 드림

2019. 12. 01.

안녕들 하시지요.

벌써 일 년이 지나고

달력이 달랑 한 장 남았네요.

모두들

건강하고 즐겁고

보람찬 한 해를 보내셨지요.

다른 의견을 전혀 듣지 않고

자기주장만 해대는

썩어 문드러진 정치꾼들은

확인되지 않는 가짜뉴스로

똥 냄새 풍기며

내로남불인 것처럼

상대를

자기 부모 죽인 원수처럼

입에 담지 못할 상욕을 해대며

나라가 금방 망하는 것처럼

떠들어 대니

가만히 들으시던 하나님

옛날 소돔과 고모라 같이

불태워 버리려 하였으나

마음씨 착한 당신같은 친구가 몇 명 더 있어

차마 그리 못하시고

더럽고 추한 세상을

빨갛고 노란 낙엽으로 덮어

임시로라도

역겹고 더러운 냄새 나는 세상을 조용히 덮으시는구려.

해서 다시
세상을 곱고 순결하게 다시 만드시네요.

다시 말하면
역겹다고 세상을 갈아엎지 않으시고
고운 낙엽으로
가만히 덮으셔서
하나님이 처음 만드신
순결한 세상으로 다시 만드시는 것 같네요.

우리도 하나님 뜻 받들어
서로 싸우지 말고
화기애애하게 지냅시다.

새해에는 더욱더 건강하시고
온 가족의 행복과 기쁨이
가을 숲길에 꽉 찬 낙엽같이
풍성하길 빕니다.

한기웅 드림

2021. 09. 18.

아침저녁
쌀쌀한 바람이
정신을 퍼뜩 나게 하는구려.
벌써 할 일 없이
한해가 지나고 말았구려.
우리의 삶이
점점 짧아짐을 말하지.
조금은 서글퍼지나
몇천 년을 지나온 화강석이나
하루를 열심히 살아가는 하루살이도
세월을 탓하지 않는 것처럼
우리도
남은 인생
투정하지 말고
재미있게 지냅시다.
이쪽이나
저쪽에 치우치지 말고
그저 친구와

서로를 위해주며

지난 추억을 되새기며

2021. 10. 29.

아침저녁
서늘한 바람에
여름의 무더위와 같이
독야청청하던 푸른 잎
정신이 퍼뜩 든 듯
고운 단풍으로
갈아입는구려.

아니
갈아입는 게 아니고
나무에서
떨어지기 싫다고
빠알갛게 핏대를
세우며

무식하게 우겨대며

큰소리치는 아저씨 같기도 하고

나무에서

떨어지지 않으려고

젖 먹던 힘까지

다 동원하여

잡고 있는

어린아이의

노래진 얼굴같이

빠알갛고 노랗구려.

마치

자기의 생을

자연의 섭리대로

끝내기 싫어

억지를 부리는 것같이.

이제 우리도

낙엽같이

남은 세월이

쪼매밖에

남지 않았구려

먼저 간 친구도 많고.

남은 세월

여러 이유로

서로 만나

구시렁거리지는 못해도

카톡으로라도

서로 구시렁거리며

서로를 위안합시다.

허나 제발

일베나 대깨문들의

유튜브나 카톡은

절대로

리트윗하지 마시고

그저

우리 주위의

잡다한 얘기나 하면서.

2023. 05. 04.

좋은 일요일입니다.

어제 TV를 보니

치매 걸린 어머니를 보고

아들이

어머니가 치매 걸려

모든 걸 잃으니

행복하시다고 하도만.

지난 일을 후회하고

장래 일을 걱정하니

삶이 항상

걱정 투성이었는데

치매로

모든 생각이 하나도 없으니

행복하시다고.

우리도

지난 일의 후회도

장래의 걱정도

다 놓아 버리고

그저 하루하루를

아무 생각 없이

잘 먹고 잘 자고

신나게 운동하며

행복하고 즐겁게

잘 살아봅시다.

2023. 12.

동지가 지나고

크리스마스도 지났는데

밖은 아직도 춥군요.

응접실 유리창 밖에

참새 몇 마리가

뭐라 주저리며

방정을 떠는 걸 보니

여러 가지 생각이 지나는구려.

저 통유리는

아무것이나 통과시키지 않고

자기 맘대로

자기가 좋아하는 것만 통과시키네요.

즉 빛은 통과시키나

찬바람은 막아버리네요.

우리도 그렇지요.

자기가 좋아하는 건 포용하고

싫어하는 건 배척 하지요.

즉 한나라당은

이○○ 개딸하고만 상대한다 하고

민주당은 윤○○ 보수 꼴통 태극기 부대하고만 논다 하지요.

모든 문제를 객관적으로 보지 않고

유리창처럼

자기 주관으로만 보니

세상이 시끄러울 수밖에.

하니 우리는

유리창처럼

독불장군

꼰대 같이 살지 말고

모든 걸 포용하며

좀 여유롭게 삽시다.

2023년 말

오늘이 2023년의 마지막 날이라고

난리들 친다.

누가 그렇게 만든겨?

얼빠진 인간들이

자연하고는

한마디

상의도 없이

즈덜끼리(자기들끼리) 그렇게 만든겨.

자연에서 보면

그저

아무 의미도 없는겨.

그냥

어제나

오늘이나

내일이

다 똑같은겨.

요란 떨지 말라고

그냥 신문쟁이들이

뭐 한 건 하려고

날뛰는겨.

그저

우린 추위에

감기 안 걸리게 하고

열심히 운동하여

건강 챙기면 최고니

그냥

열심히 운동 하자구.

2024. 04. 28.

신록의 계절
5월이 다가오네요.
나무에 달린
초록의 이파리가
아주 싱싱하며
새로운 시작을
알리네요
작년의 추억을
간직한 채.

하여
싱싱한 이파리는
새치로 시작하며
우리를
약 올리고 있네요.
야 늙다리들아
니들은
나같이

새치로

시작할 수 없지

하며.

그렇지요.

우린 새치로

시작할 수가 없지요.

오직

옛 기억에

매달리며

살 뿐이지요.

참 거시기하네요.

옛 기억을

잊지 않기 위해

우리 서로

카톡이라도

열심히 하자구요.

2024. 11. 01.

낙엽이 곱네요.
허나
색깔은
여러 가지네요.

노란 것
빨간 것
노르스름한 것
푸르딩딩한 것
분홍색 등
말이지요.
그러나
그 끝은 하나지요.
모두다
땅바닥에
나뒹구는 것
이지요.

꼭 우리

인생 같네요.

우리의 삶은

낙엽 색깔처럼

모두가 다

다르지만

그 끝은

다 같이

요단강을

건너지요.

해서

요단강을 건널 때

처지지 않기 위해

우리 모두

튼튼한 체력을

가지기 위해

열심히

운동합시다.

하여

열심히 운동하여

건강하고

항상 행복하게

삽시다.

화이팅

2025. 03. 02.

야 느그들 모르지.

춘향전에서

이몽룡이가

향단이와

놀아나니

개몽룡이 된겨.

뭐

계엄령이

술 취하니

계몽룡이라고

턱도 없는 얘기라.

이몽룡이

향단이와

놀아나니

개몽룡이 된겨.

똑똑히 아시라구.

2025. 03. 27.

세상이

시끄러우니

산불까지

난리가 났구려.

이제

우린

나이가 있으니

천천히

어슬렁거리며

다니자구요.

바쁘다고
불나게 다니다가
불이 떨어져
들에 불이라도 나면
큰일이니
우리 불나게 다니지 말고
꼭 어슬렁거리며
천천히 다닙시다.

낙엽에 쓰인 거시기

1판 1쇄 발행 2025년 11월 17일

저자 한기웅

교정 황윤 **편집** 윤혜린 **마케팅·지원** 이창민

펴낸곳 (주)하움출판사 **펴낸이** 문현광

이메일 haum1000@naver.com **홈페이지** haum.kr
블로그 blog.naver.com/haum1000 **인스타그램** @haum1007

ISBN 979-11-7374-175-3(03810)

좋은 책을 만들겠습니다.
하움출판사는 독자 여러분의 의견에 항상 귀 기울이고 있습니다.
파본은 구입처에서 교환해 드립니다.

이 책은 저작권법에 따라 보호받는 저작물이므로 무단전재와 무단복제를 금지하며,
이 책 내용의 전부 또는 일부를 이용하려면 반드시 저작권자의 서면동의를 받아야 합니다.